台灣書房

台灣書房

五南出版

日治時期台灣體壇與奧運

五南圖書出版公司 印行

自序

八月剛落幕的倫敦奧運，讓我想到以奧運與台灣體壇為主題的，這四年一次的運動界最大盛事，除了電視影像傳播外，文字的報導也是民眾接收訊息的重要來源，而在運動賽事本身之外，每屆奧運總會產生話題人物或是各式話題，讓我想到以前翻閱日治時期報紙《台灣日日新報》上頗多運動賽事的報導。除了台灣的報紙，日本方面則是朝日新聞社編的各年《運動年鑑》，年鑑內詳細的各項賽事敘述，還有《讀賣新聞》，二戰前的報紙，對球賽過程描述非常詳細，還有賽前分析報導，不論是棒球或是田徑賽，分析也都十分深入，成了本書的主要資料來源。

筆者也參考了多位學者專家與體育記者的研究成果，包含台灣師範大學體育系林玫君教授、徐元民教授，台北藝術大學雷寅雄教授、專攻體育史的林丁國博士、金湘斌博士；專攻棒球史的謝仕淵博士；鑽研橄欖球史的鄭健源與陳良乾教授。前《民生報》記者蘇嘉祥與高正源記者都曾深入研究台灣體育發展，都給予本書撰寫有極大的幫助。此外，筆者也利用中研院台灣史研究所的台灣總督府職員錄的資料庫，還有日本奧委會、國際奧委會、台灣棒球維基館、讀賣巨人隊等網頁。

本書的結構安排上，第一部分選擇了棒球與奧運爲兩個主軸探討台灣日治時期的體育發展。第一章「日治時期台灣棒球的發展」，從台灣棒球運動的起源，社會成人棒球與學生棒球如何在台灣逐漸受到歡迎，也由棒球運動的興盛讓體壇或是殖民政府考慮興建棒球場的問題，還有原住民族棒球發展史上的「能高團」，都是日治時期台灣棒球的重要面向。當然日治時期台灣體育發展的歷史背景，必然涉及日本體育發展的過程，同時也與世界體壇的發展息息相關，所以在敘述台灣發展之前必須對世界與日本的體育發展做個說明。

第二章「天下的嘉農——台灣首次打進甲子園大賽決賽的事蹟」，除了五次甲子園大賽的過程，還有改造嘉農的靈魂人物——近藤兵太郎教練，與代表性投手——吳明捷與藍德明。第三章「日治時期台灣與奧運」，主要陳述台灣日治時期體壇對奧運這項新興的運動賽事如何漸漸爲台灣所熟悉，除了實際的舉行奧運預選賽，讓台灣的選手也能有機會透過比賽參與奧運盛會，報紙對於奧運的報導也是重要的資訊管道。日本曾取得一九四〇年東京奧運主辦權，最後因戰爭因素取消，但是一九三六年宣布日本爲奧運主辦國時，殖民政府與觀光業者曾經期待奧運會會讓歐美觀光客「順道」來台灣旅行，也提出了相關計畫，但最後奧運取消了，這些計畫或是期望也隨之落空了。最後是筆者認爲戰前台灣最傑出的女子田徑選手——林月雲，她也爲了參加奧運而努力，多次在日本各項賽事奪得第一，但最重要的奧運選拔賽總是無法發揮應有的水準，因此無法成爲奧運選手，雖然她無法參加奧運，但筆者還是想寫寫這位令人惋惜的女性運動員。

第二部分是也同樣分爲三章，都是日治時期各運動領域最頂尖傑出的台灣運動員，包括第一位加入日本職棒的台灣選手吳昌征（本名吳波），第一位參加奧運的田徑選手張星賢，與橄欖球之父——陳清忠，在戰前活躍的天才選手柯子彰，看他們在戰前如何接觸體育活動，他們身處的競賽環境與在台灣與日本體壇出色的表現。

最後，感謝五南圖書的邀約，讓一個看球賽超過三十年的體育迷，有機會能夠翻閱過往的台灣體育史料完成此書。書中任何錯誤也請讀者不吝指教，補足筆者不足之處。

二〇一四年一月十四日

目錄

日治時期台灣與奧運 86

人物篇

台灣兩位橄欖球明星——陳清忠、柯子彰 192

歷史篇

台灣日治時期棒球的發展

棒球現在已被視爲台灣的「國球」，但在一百多年前剛引進台灣時，則有太多誤解產生，最典型的是「球太硬會打死人」，讓許多台灣民衆對這項運動望之卻步，在經過長時期的教育與訓練，還有各項棒球賽事帶起的棒球風潮，讓棒球運動逐漸在台灣紮根，甚至成爲台灣最受歡迎的運動。從本章開始，敘述台灣運動發展的史實時，會先簡單說明此項運動發明的背景，如何傳播到日本，日本又如何將它傳播到台灣，在台灣流行。

棒球的誕生與傳播

關於棒球運動的起源有著兩種截然不同的說法，有一說是棒球源自英國板球、圓場球，傳入美國後做了改變，也有堅持棒球是美國人創造出的運動。一九〇七年美國棒球界開始研究棒球運動的起源，最後歸結出一八三九年在紐約古柏鎭（Coopers town）舉行了史上第一場棒球賽，比賽是由該鎭居民達伯德所設計。

一八四六年六月十九日的一場棒球賽是採用紐約一個棒球俱樂部會員卡爾萊特（A.J.Cartwright）制定的比賽規則，包括了一隊九人，三好球後出局，源即我們現在所謂的三振，每局三人出局後攻守交換，壘包之間的間距爲九十英呎（二十七公尺四三）等等，和我們現在使用的規則相同。

卡爾萊特的精心設計讓棒球逐漸在美國風行，一八五八年三月美國就已經成立了全國棒球協會（National Association of Baseball）一個業餘棒球聯盟，隨著一八六〇年代美國南北戰爭，棒球成了軍人與後方人員的娛樂，戰事結束後使得棒球運動傳播到美國各角落。棒球在美國如此受到歡迎，與美國職棒發展息息相關，一八七一年三月成立了第一個職棒聯盟「國家職業棒球員協會」（National Association of Professional Baseball Players），首支球隊是波士頓紅帽隊（Boston Red Caps）。

此聯盟後來受到球員頻頻跳槽、賭博、球場上賣酒等不良素行的影響，只維持五年光景。之後一八七六年成立的「國家聯盟」（National League）記取之前的教訓，明文規定對球員紀律的要求，還有球團之間的規定，使得聯盟運作順利。進入二十世紀，一九〇一年又有「美國聯盟」（American League）的誕生，一九〇三年兩聯盟優勝隊伍進行「世界大賽」更讓美國民衆瘋狂，美國總統塔虎托（William Howard Taft）曾宣布棒球是美國的國球。美國風行後，將此運動傳向亞洲、中南美洲，慢慢擴展到世界各角落。

我們現在看世界上棒球風行的國家，除了美國與亞洲台日韓三國外，中美洲古巴、波多黎各、委內瑞拉、多明尼加等國，這些國家由於十九世紀後半開始受美國的保護或是附屬國，所以受到美國的影響，棒球在中美洲也是十分流行。此外，留學生也是重要媒介，包括日本、中國的棒球發展都與留學生歸國後回到母國傳授棒球技術息息相關。

日本野球的誕生

日本在明治天皇一八六八年即位後，大量接受西方文物制度，棒球運動就在此一風潮下進入日本。日本棒球運動起源於東京「開成學校」（東京大學前身）與北海道「開拓使阪學校」（北海道大學前身）。明治六年（一八七三）美籍教師威爾森（Horace Wilson）在開成學校任教時，教導了日本學生棒球的玩法，但是尚未到組隊的程度。三年後，一八七六年另一位美籍教師馬克菲特（E.H.Magefed）與貝茲（A.Bath）先後來到日本北海道的「開拓使阪學校」任教，兩位美籍老師帶著球棒與棒球和日本學生一起玩棒球，當時比賽規則很簡單，只是投手將球投到打者喜愛的高度即可，引起了日本學生的興趣，這是美國老師將棒球運動帶到日本，棒球運動在日本開展最原始的情形。

曾留學美國波士頓大學的平岡凞（一八五六至一九三四），留學時是棒球選手，貴族階級出身的平岡，一八七六年留學歸國後在伊藤博文的介紹下進入工部省鐵道局工作，並在東京神田一帶指導棒球愛好者。一八七八年平岡提議組織棒球隊，獲得大家的支持，因此「新橋アスレチック倶樂部」（新橋運動俱樂部）成了日本第一支棒球隊，由平岡擔任教練同時兼隊上投手，被稱爲第一位在日本投曲球的投手。不久，他的好友德川達孝（一八六五至一九四一）也成立另一隻棒球隊「ヘラクロス倶樂部」（海克力斯倶樂部，來自希臘神話，大力士之意），與「新橋運動倶樂部」比賽，這兩位來自貴族階級的棒球狂熱者，爲棒球出錢出力，也因爲他們的地位與社會上的影響力，讓棒球運動推廣也順利展開，並於明治十五年（一八八二）在品川建造第一座棒球場。

而日本棒球發展的另一大支柱學生棒球，「第一高等學校」（簡稱一高）在一八八六年成立了野球部，也就是棒球隊，而一高球隊的野球觀深深影響了日本中等學校棒球運動的發展，「武士野球」成了高中棒球的基調。大都市東京、大阪、京都各中等學校紛紛成立野球部，成了日後風靡日本的甲子園比賽球隊的來源基礎。

中等學校畢業後，棒球選手基本上集中到早稻田大學、慶應大學，「早慶戰」成了人氣的比賽，之後再加入明治大學、法政大學、立教大學與東京帝國大學成了「六大學野球」的比賽，將戰前日本棒球運動發展推向高峰。日本棒球的初期發展，社會隊也就是成人棒球最早成立，但是是由學生棒球比賽帶起棒球熱潮，不論是「早慶戰」或是之後的「六大學」聯賽，以及甲子園大賽，皆是由學生棒球引起風潮。

所以對照美日兩國棒球發展的過程，美國是以職棒帶起棒球運動，日本是以學生棒球與社會成人組棒球掀起風潮，日本才於一九三六年成立了職棒聯盟。此外，日本體育界，介紹某位選手常提到「名門學校」，選手的出身學校是一個重要選擇，日本棒球運動起源於北海道與東京兩地，而台灣的棒球運動發展也是深受「名門學校」的影響，不論是選手或是體育組織人員大多來自日本的「名門學校」。

棒球運動傳入台灣

台灣棒球運動發展起源於來台工作人員，不論是官方或是民間私人公司，棒球都是一解鄉愁的好活動。不過棒球運動傳入台灣的時間，卻沒有辦法做出正確的考證。曾任職於台灣銀行的邨松一造回憶他來台時（約一八九七至一八九八），在下班後與同事就拿著棒球與手套外出「玩」棒球，引起台灣人的好奇與異樣的眼光。

棒球運動到正式成立的有組織訓練的則是建國中學前身的台灣總督府國語學校[1]中學部，由當時校長田中敬一主導於一九〇六年成立。之後國語學校師範部（國立台北教育大學前身）也緊接著組織起棒球隊。就在一九〇六年三月，這兩支球隊打了台灣棒球史上第一場正式比賽，結果是五比五雙方握手言和。

任何一種運動競技都相同，靠著比賽來提升它的能見度，來提升它在民眾生活的重要性。民眾則透過觀看比賽，慢慢理解球賽規則，除了增添生活話題外，或許經濟負擔得起，也會買手套自己也來試試看，或是讓自己家中小孩參加球隊，這樣一項運動就會慢慢生根茁壯，成爲精神生活、娛樂不可獲缺的一部分。與日本本

1 台灣總督府國語學校於一八九六年成立，到一九〇二年時分爲中學部、師範部、國語部與實業部。

土相比，由於台灣直到昭和三年（一九二八）才出現第一所大學——台北帝國大學（今台灣大學），日治時期缺少大學棒球這一環節，因此日治時期台灣學生棒球發展就以「中等學校」與「公學校」、「小學校」爲主。

社會球隊

成人運動比賽一向被認爲是技術水準最高的比賽，在台灣職棒尚未開打之前，甲組成棒聯賽就是台灣棒球技術水準的指標，由此選拔出國手。日治時期成棒運動大多是官廳、公司會社等機構組成球隊。雖然早在一八九七年左右就有在台銀行職員玩起傳接球，但離我們現在棒球隊的樣貌很遠，直到明治四十二年（一九〇九）以三浦新一爲主，幾位在總督府工作，夜間在東門學校進修的成員組織了「霜月俱樂部」，但是成員素質參差不齊，很快就解散。之後，三浦新一與內田又四郎等人再組「高砂俱樂部」，在東京第一高等學校名將細川健彥的指導下，球技進步，也積極參加比賽，從而帶動了成人棒球的運動。鐵道部的「鐵隊」、法院隊、台北廳隊等多支隊伍相繼成立，讓北部棒壇呈現繁榮景象。這些都是由政府機構員工組成隊伍，球員工作穩定，沒有經濟負擔，可以使球員安心練球與比賽。到了大正四年（一九一五）一月，台北成棒隊伍已經超過二十支球隊，所以就由剛成立的「北部棒球協會」舉辦了第一屆的北部棒球比賽。不過，查詢球員名單後，會發覺這是在台日人的運動，直到一九一九年才出現兩位台灣球員。

南部比北部遲些組隊，一九一〇年在台南駐守的炮兵部隊，陣中有數名喜好棒球的軍人組成「炮兵隊」，南鯤鯓郵局職員也組「南鯤團」，讓彼此有了比賽的對手。不過，選手的球技無法獲得提升，因此無法吸引觀眾。一九一三年台南法院、台南廳與嘉義的台糖工廠組隊，獲得的後援充足，讓南部棒球運動開展。中部最早的棒球隊，也是官廳職員組成的「台中廳隊」，成立於一九一四年。之前他們看到台灣銀行中部支店的職員玩棒球，引發他們組隊的動力。之後有彰化銀行隊、台中法院隊、郵局隊、台中製糖廠、台中鐵道局等機構也紛紛組織起球隊。台灣西部北中南城市基本上都有了自己的球隊，儘管初期選手的球技依舊生澀，但是認眞的練習還是爲台灣棒運打下了基礎。

東部的棒球發展於一九一七年，台東製糖公司有一位從東京調來的職員坪井保六郎，與庶務課長吉野清一兩人熱愛棒球，因此招募了公司中有興趣的同事組成了「製糖隊」，加上「台東廳隊」與由駐守軍官組成的「守備隊」，也開始了東部的棒球發展。

當體育運動逐漸普及後，一九二〇年台灣成立了「財團法人台灣體育協會」，由下村宏擔任會長，此機構將當時單項運動組織納入，包括野球部、陸上競技部（田徑部）、庭球部（網球部）、相撲部等單位。台灣體育協會成立後，各項運動的發展就由它統籌規劃並且給予經費補助，類似台灣之前的體委會或是現在的體育署。

日治時期最重要的成棒比賽爲「全島實業野球大會」，類似台灣甲組成棒聯賽，之後成爲日本都市對抗賽台灣預選賽。昭和二年（一九二七）九月，在台北圓山球場舉行了第一屆的「全島實業野球大會」，此項賽事先在台北、新竹、台中、台南與高雄經過地方選拔賽，再參加台北舉行的第二輪總決賽。第一屆比賽結果是由來自台南的台南棒球隊奪冠。第二與第三屆皆由高雄隊奪冠，可見成棒剛發展之初，南部隊伍實力較堅強。從第四屆以後則由北部球隊得到冠軍，第四屆以後也是日本都市對抗賽的台灣預選賽，由台北球隊奪冠後，將代表台灣前往日本參加全國性的都市對抗賽。一九三五年台南隊第二次奪冠，由於有嘉農畢業選手李時計、蘇正生的加入，讓台南州廳隊創下四連霸的佳績。

此外，愈來愈多台灣選手參加成棒比賽且都有出色的表現，高雄州廳隊的李世雄、嘉農出身的藍德和與楊元雄分別代表台東州廳與台中州廳隊，以及台北州廳隊中林健次，所以成棒不僅逐漸普及，也看到更多台灣選手的參與。一九四三年因戰爭因素「全島都市對抗」停賽，包括學生棒球也一樣，大約在一九四二年左右就因官方不再舉辦大型比賽，所以棒球運動也就受到影響。

中等學校棒球與甲子園大賽風潮

日治時期中等學校棒球賽包括中學校、師範學校、實業學校的比賽，是現在的青少棒與青棒階段。中等學校棒球最重要的比賽莫過於「全島中等學校野球大會」，它是作為甲子園大賽台灣地區的選拔賽，冠軍隊伍將代表台灣進軍甲子園。除了「全島中等學校野球大會」外，大型綜合的比賽尚有「建功神社奉納中等野球大會[2]」等比賽。

說到甲子園大賽，不僅是現在日本高中棒球比賽的代名詞，進軍甲子園是許多日本高中棒球選手的最大夢想。在台灣舉辦青棒賽都是以「在台灣的甲子園大賽」爲目標，例如一九九五年年代電視公司主辦的金龍旗高中棒球錦標賽，但是僅僅主辦八屆就停止。這項歷史悠久的賽事起源於大正四年（一九一五）八月，是由大阪朝日新聞社主辦，「全國中等學校野球優勝大會」在夏季比賽，到了一九二四年，另一報社大阪每日新聞社也在每年三月底到四月初舉辦「全國選拔中等學校野球大賽」，所以之後便有春夏兩季的甲子園比賽。

戰前，由於學制的因素，夏季甲子園棒球賽正式名稱是「全國中等學校野球優勝大會」，一九四八年學制改變，因此自一九四八年後夏季甲子園正式名稱爲「全國高等學校野球選手檐大會」，到二〇一三年爲止是第九十五屆。春季甲子園則爲「選拔高等學校野球大會」，到二〇一三年則舉辦了八十五屆。甲子園的比賽受到戰事的影響曾經於一九四一至一九四五年停賽，直到戰後一九四六年恢復比賽，此

2 這是伴隨著建功神社於一九二八年落成時所舉行的大型綜合競賽，藉此獻納、告慰神社中的英靈。包含棒球賽在內，還有田徑、軟網、排球、籃球、曲棍球、游泳、劍道、柔道等現代西洋與日本多項運動。參閱林丁國，《觀念、組織與實踐－日治時期台灣體育運動之發展（1895-1937），》頁145-148。

一九二七年甲子園大賽盛況。《台灣日日新報》一九二八年一月一日。

外，一九一八年的「米騷動事件[3]」也取消了當年的比賽，由於歷史悠久與比賽規模之差異，一般說來是夏季甲子園比賽更引人注目。

首屆甲子園棒球比賽是在豐中球場（今大阪府豐中市）舉行，到了一九二四年八月一日甲子園球場完工，從此固定在此比賽，成爲高校野球的聖地。不僅甲子園大賽是眾所矚目，各地方的預選賽都已經是熱鬧非

3 米騷動事件是一九一八年七月發生於富山縣抗議米價騰貴的抗議活動，慢慢擴展至全國各地，由於八月十一日甲子園比賽前夕，神戶的鈴木商店被燒毀，因爲離當時比賽的鳴尾球場不遠，因此在比賽前幾天主辦單位宣布中止這屆的賽事。而米騷動持續至九月中旬，由於政府無力解決米價飛漲的問題，加上日本出兵西伯利亞，讓米價問題更加嚴重，日本政府派出超過十萬的軍隊才平定這次的騷動。這是在日本現代史上的大事件，事後七千七百八十六名參與事件者遭到起訴，此外米騷動也導致寺內正毅首相辭職。

凡，從首屆十個地區慢慢隨著參賽隊伍增多，將日本（含殖民地與扶植政權）各地方預賽分爲二十二個地區，包括北北海道、南北海道、東北、西東京、東東京、關西、北九州、南九州、四國、台灣、朝鮮、各地區派出一支隊伍到位於西宮市的甲子園球場，所以能夠進軍甲子園都已經是非常難得的榮耀。當然包含台灣在內，朝鮮、滿洲國等是日本殖民地或日本扶植的政權，是有政治的意涵在內。

台灣首次參加甲子園比賽是在一九二三年八月，這是基於朝鮮與滿洲都已經派隊伍參加，台灣是日本最早殖民地，反而還未參加，因此主辦單位希望台灣也能派隊參加。一九二二年，由當時大阪朝日新聞社的董事下村宏[4]來台向台灣體育協會野球部長音羽守遊說，在與各學校討論後，決定明年台灣也參加甲子園比賽。

一九二三年七月十五、十六兩日，在圓山球場舉行台灣首屆的「全島中等學校野球大會」，也是台灣地區甲子園大賽的資格賽。首屆只有台北一中、台北商業學校（原址爲台大法學院）、台北工業學校（台北科技大學前身）與台南一中四隊參賽。由台北一中擊敗台北商業學校取得台灣代表權，進軍甲子園大賽首戰以四比二十三懸殊比數輸給立命館中學。台灣的資格賽基本上都由台北地區的台北一中、台北商業學校與台北工業學校取得到日本比賽的資格，直到一九三一年的嘉義農林學校奪冠，才打破這項不成文的規則。

---

4 下村宏，曾任安東貞美、明石元二郎與田健治郎三任總督的民政長官。後來擔任大阪朝日新聞社董事，下村宏對體育事業十分熱中。

一九四一年只在部分地區進行資格賽，台灣的資格賽由嘉義中學獲得，卻不幸遇到八月的甲子園大賽取消，之後，因爲戰爭之故，甲子園不論春夏季皆暫停。所以台灣也就不舉行島內資格賽，回顧從一九二三至一九四二剛好二十屆，這二十年來，透過資格賽的選拔過程，不僅是推廣棒球運動，透過開閉幕時長官的致詞內容，更可以理解武道精神的棒球觀點深深烙印在參賽學生選手的腦海裡。

回顧台灣中等學校野球大賽的風行，進軍甲子園的成績也是重要關鍵，台灣參加甲子園大賽的成績如表1-1-1，台灣球隊有十次是首場就敗落，嘉農在一九三一年打進決賽是最佳表現，其次爲一九二九年台北一中打進四強賽，在準決賽中敗給海草中學。

媒體的逐漸多樣化，除了報紙，台灣自一九二九年八月十四日台北一中與前橋商業在甲子園大賽的比賽之後，可透過實況廣播同步收聽棒球賽，更吸引了台灣民衆對球賽的關心。此外，主辦單位精心的規劃，一九二八年七月甫上任的新總督川村竹治親蒞球場看球，都帶動了學生棒球的熱潮。

台灣少棒的根基

一九二〇年起，總督府大量設置公學校，台灣人進入公學校就讀人數日增，成了少棒發展的基礎。體育活動以涵養國民精神、培養健康身體與習慣，是不分日台，而成爲一致被重視與實施的政策。台灣從一九一八年起，開始有學校組織少棒球隊，這是在附屬於學校教育的一環，並沒有特別聘請專業教練，而是把它視爲學

表1-1-1 歷年冠軍隊伍與進軍甲子園成績

時間	冠軍隊伍	總隊數	甲子園戰績
一九二三	台北一中	四	四—二十三立命館中學
一九二四	台北商業	四	六—二金澤一中　二—七松本商業
一九二五	台北工業	四	四—六松本商業
一九二六	台北商業	六	三—十六和歌山中學
一九二七	台北商業	六	三—五平安中學
一九二八	台北工業	七	十二—七前橋中學　三—四北海中學
一九二九	台北一中	七	十—一前橋商業　四—〇佐賀中學 五—四平安中學　〇—九海草中學
一九三〇	台北一中	八	四—六大連商業
一九三一	嘉義農林	十一	三—〇神奈川商工　十九—七札幌商業 十—二小倉工業　〇—四中京商業
一九三二	台北工業	十一	五—十一熊本工業
一九三三	嘉義農林	十一	一—十松山商業
一九三四	台北商業	十二	二—三市岡中學
一九三五	嘉義農林	十二	四—一平安中學　四—五松山商業
一九三六	嘉義農林	十二	四—三小倉工業　五—七育英商業
一九三七	嘉義中學	十	十二—〇青島中學　二—四川中學
一九三八	台北一中	十一	〇—四大分商業
一九三九	嘉義中學	十三	〇—五海草中學
一九四〇	台北一中	十三	一—三京都商業
一九四一	嘉義中學	十二	取消
一九四二	台北工業	十	二—三海草工業

謝仕淵，《國球誕生前記——日治時期台灣棒球史》，頁一二五；林倍群，《空間・地方・記憶——台灣棒球運動之地理學研究（一九二三至一九八二）》，頁二十九。

校的課外活動，由學校老師當中選擇適合的人選。

各項運動皆須投入相當的金錢購買器材，日本就讀的小學校比公學校早組織少棒隊。學校內的校長或是老師對棒球的喜好也是一大關鍵，校內中若有喜愛棒球的人員，加上經費補助，自然組隊訓練的可能性就高，公學校就在此背景下，球隊逐漸增加了。

日本在一九二六年改訂了學校體操科的內容，棒球獲得政府的認同成爲學生培養競爭心的課餘時期的活動，台灣在一九二七年採用了此教科書內容。此外在比賽中訓練學生團隊合作精神，產生「我校」、「他校」的差異，因此培養學生的愛校情操，成爲學校願意組少棒隊的原因。當然比賽也是台灣人能夠與日本人抗衡的展示方法之一，若能擊敗日本人的小學校，這不僅是「我校」、「他校」的區別而已，也是家長覺得與有榮焉願意讓小孩進入棒球隊的原因。

到了一九四一年四月以後，小學校與公學校一律改稱爲國民學校，此時的少棒運動更加普及，雖然名稱上以除去台日之間差異，但在實際球場上台日雙方場上過招仍舊明顯，但好景不長，年底日本偷襲珍珠港後，環境更加嚴峻，少棒運動也一樣難逃波及，運動發展逐漸停滯下來。

台灣最早的少棒比賽可追溯至大正九年（一九二〇）十二月五日，在台南公園舉行了當時新聞稱之爲台灣史上首場的少棒比賽，是由台南第一小學校與橋仔頭小學校的比賽。這是由「綠熱團」主辦的「台南少年野球大會」，除了上述兩所學校外，還有台南第一公學校與第二小學校共四校參加。隔年四月，台北州也在台灣新聞社創設二十週年之際，舉辦了「第一回台北野球大賽」，並請了民政長官下村宏來開球，由五支日本小學校球隊報名參加。一直到一九三〇年代爲止，北部少棒比賽是由六支小學校的球隊參賽，球員名單中只有南門小學校（今南門國小）中有鄭姓、壽小學校（今西門國小）有洪姓台灣姓氏球員。此後，高雄州與台中州也相繼舉辦少棒賽。昭和二年（一九二六）推廣到東部，台東廳在台灣體育協會台東廳支部的協助下舉辦了比賽，一九三〇年花蓮港廳也舉行了少棒比賽，大約十年的光景，台灣在都會地區有了少棒的比賽，一九二九年更舉行了「第一回全島少年野球大會」。

少棒逐漸在台灣推廣起來，已經出現郡級學校也組織了少棒隊，例如在屏東郡（現屏東市，當時隸屬高雄州），有里港、九塊、長興、麟洛、鹽埔與高樹六所公學校。因此，進入一九三〇年代是以郡級的學校爲主，但這樣也顯示少棒推廣的範圍能夠到台灣鄉間。不過一九三二年二月發布的「野球統制令」對於少棒比賽有一定的影響力，之後「全島少年野球大會」就停辦，州以下的比賽則繼續，但對於少棒的推廣仍舊有著負面的影響。爲了讓民衆不畏懼「硬梆梆」的棒球，從日本本土發展出一種「軟式棒球」，軟式棒球對於棒球運動的流行有著絕大的助力。從字面上看就知道軟式棒球的危險性比硬式棒球減少許多，費用與技術需求都是較低的，讓更多人可以參與棒球運動。軟式棒球在小學階段就加以推廣，此外許多社會實業隊的棒球隊也都採用軟式棒球來比賽。軟式棒球與軟式網球一樣，都是屬於日本的發明，都是爲了讓此項運動更普及而想出的競技，所以在競技層面上，技術門檻較低，很難成為正式比賽項目。

台灣與日本本土球隊的交流——以「六大學」球隊來台為例

由於台灣棒球隊數量不多，所以與日本內地球隊的比賽，可讓球隊有交流觀摩的機會，日本本土球隊來台比賽票房都相當出色，對民眾也是絕佳的娛樂。在日本職棒尚未成立前，大學校際間的棒球比賽可以說是戰前最受歡迎的棒球賽，從最早一九〇三年的早稻田與慶應大學的「早慶戰」開始，而至一九二一年的「五大學棒球聯賽」（明治、法政與立教大學相繼加入），到一九二六年東京帝大的加入使得「六大學棒球聯賽」成了日本民眾的熱門娛樂，而同年十月完工的明治神宮野球場成了「六大學棒球聯賽」的專用球場，台灣也受其影響，在報紙上對於六大學與日本實業團的比賽總是詳盡的報導，大學各隊也會來台交流比賽，更加促進棒球在台灣流行的程度。

「六大學聯盟」開始運作後，來台交流比賽的次數日漸頻繁，一九二九年至一九三七年每年均來台比賽。儘管「六大學」球隊來台比賽是要收門票（台北票價一日兩場一圓，學生軍人票五十錢），但是民眾依舊十分捧場，黃丙丁接受訪問時表示：「當時台南十多萬人口，「六大學」大概吸引一兩千民眾進球場觀看，這樣算人數很多的。」

「六大學」中只有東京帝大未來台比賽，早稻田、法政與立教皆來台三次，慶應與明治二次，由於實力有不小的差距，「六大學」歷年成績為一百一十四勝十

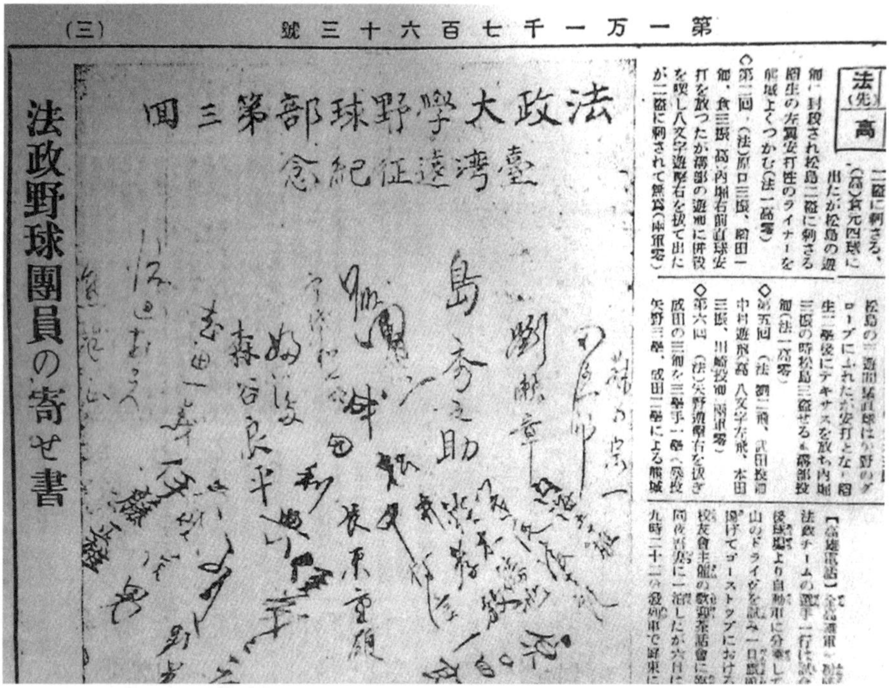
（三）　第一万一千七百六十三號

法政野球團員の寄せ書

法政大學野球部第三回
臺灣遠征紀念

法政大學來台比賽球員的簽名。《台灣日日新報》，一九三三年一月六日。

敗二和。除了比賽，也會指導球技與傳授觀念，同時指導台灣裁判，提升裁判水準。其實日本大學棒球在昭和初期的發展，因爲大學間的互相挖角，或是學生喝酒等，慢慢出現負面的新聞，所以在台灣對「六大學」印象或許比日本本土還好。加上當時在殖民地台灣要看到大學生十分不易，加上台灣觀衆還是認爲「六大學」的球員能夠具體展現棒球精神，因此在台的比賽相當受到歡迎。「六大學」球隊到台灣後，基本上都是搭船至基隆港，再轉乘火車至台北火車站，台北火車站就會擠滿前來歡迎球員的相關工作人員與球迷。甚至領隊會上廣播節目告知台灣喜愛棒球的民衆。

來台時的交流賽，由於前述台灣大學直到一九二八年才成立，交流賽就與成棒隊伍甚至是中等學校進行比賽，例如嘉農在一九三一年甲子園大賽成名

臺灣日日新報

昭和六年十二月三十日

全島ファンが待望した明大野球團きのふ著臺

朝日丸で雨の基隆に入港

一同元氣よく臺北へ向ふ

歡迎の人々で臺北驛を埋む

エールは高唱され

驛内は時ならぬ混雜を呈す

明治大學來台比賽。《台灣日日新報》，一九三一年十二月三十日。

後，明治大學在一九三二年一月八日與嘉農打了一場比數接近比賽，明治大學以十比七贏得比賽，不過安打數嘉農多一支，可以說明大贏得不輕鬆。

面對實力高出甚多的六大學球隊，不但派出台灣實力最堅強的球隊，並且提早作準備。但是原本就存在的實力巨大差距，包含鐵團、CB團等台灣最頂尖的成棒球隊，都還是很難從六大學球隊手中取下一勝。除了球場上勝負，來台比賽的大學隊伍，除了比賽之外，當然也會指導台灣選手球技，除了場上交流，場外的歡迎會，例如在台校友會就會舉辦歡迎會、歡送會的交誼活動。

「能高團」的誕生

東部棒球運動發展的重要轉捩點是由林桂興召集十二位阿美族青年組成「高砂野球隊」，並由自己擔任教練，林桂興花蓮商工畢業後，進入「旭組」工作，並成爲公司野球部的選手。一九二〇年九月曾任總督府警務局理番課長的江口良三郎轉任花蓮港廳長，他把原住民棒球隊的成立視爲理番政策的一個絕佳實現方法，他大力支持聘請來自台北鐵道部的矢野擔任教練，並安排成員進入「花蓮港農業補習學校」就讀。這支純原住民組成的球隊，在一九二三年命名爲「能高團」。江口自己從一九二二年時也擔任花蓮港體育協會會長，更能施展他以體育作爲教化的政策，「能高團」組隊一年後便與花蓮港團選手開始到台灣各地進行交流比賽。

江口的想法是將能高團的西部比賽同時也當成是學校的畢業旅行，學生就利用暑假期間到宜蘭花蓮公路工程打工賺取九月到台灣西部比賽的費用。江口賽前表示球賽勝負不是最重要的事情，而是展現經過訓練的文明，期待透過比賽，讓台灣本地不再視原住民爲獵人頭的民族。

這群十七至二十一歲的年輕選手，九月十九日能高團隊員在衆多官員的送行下，搭乘長春丸，二十日上午抵達基隆港。二十一日便出戰台北商業學校，台北商業學校是八月才代表台灣參加甲子園大賽的球隊，因此吸引了約七千名的觀衆入場。首場比賽，能高團以五比九落敗，能高團到西部的比賽引起觀衆的熱烈迴響，入場觀衆非常踴躍，在台北三場比賽後，能高團往南，依序爲台中、台南、高雄、屏東、新竹與基隆各地比賽。成績爲五勝五敗。（參考表1-1-2）

西部巡迴賽成果讓江口良三郎十分滿意，不僅讓台灣本地，同時也讓在日本內地看到「已經文明化」的原住民球隊，江口複製了西部巡迴賽的經驗，讓「能

表1-1-2　能高團西部巡迴比賽成績表

時間	地點	隊伍	比數（能高團分數在前）
九月二十一日	台北	台北商業學校	五比九
九月二十二日	〃	總督府	七比十四
九月二十三日	〃	大正プロ	二比八
九月二十四日	台中	全台中	十比三
九月二十五日	台南	全鹽糖	一比十六
九月二十六日	〃	中學團	五比六
九月二十七日	高雄	混成團	四比三
九月二十八日	屏東	屏東團	二比〇
九月三十日	新竹	新竹團	七比一
十月二日	基隆	全基隆	六比三

林勝龍，《日本統治下台湾における武士道野球の受容と展開》，頁二二三。

高團」到日本各大都市比賽（參考表1-1-3）。

一九二五年七月三日，「能高團」在基隆港搭乘笠戶丸到日本巡迴比賽，到達神戶後，展開了爲期三個星期的比賽與日本內地觀光。七月十一日，首先與早稻田中學比賽，這場突然安排的比賽在立教大學舉行，觀眾除了主辦單位東京府廳五、六人，以及台灣關係者前總督府土木課長高橋辰次郎與前文教課長生駒和兩百名左右觀眾。雙方以六比六打成平手，早稻田中學在一個多月後闖進甲子園大賽決賽，雖然輸球，可見「能高團」能與早稻田中學打成平手，也有相當實力，比賽結束後，除了茶話會之外，隊長Komodo以〈自己的棒球隊〉爲題進行了演講。

「能高團」與日本各球隊八場比賽，創下三勝四敗一和的成績。能高團的優異表現不僅成爲殖民者口中文明教化的最佳示範，更重要的是帶起東部運動的發展，讓棒球成爲花東原住民的生活的一部分。

原住民選手中，最具代表性的是阿仙（稻田

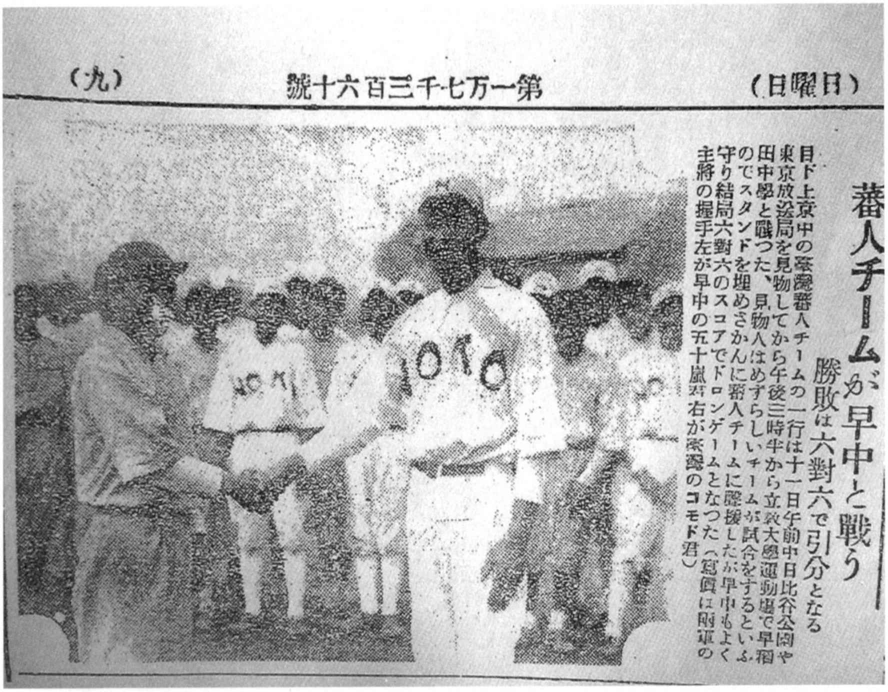

（九） 第一万七千三百六十號 （日曜日）

番人チームが早中と戰う
勝敗は六對六で引分となる

目下上京中の臺灣番人チームの一行は十一日午前中日比谷公園や東京放送局を見物してから午後三時半から立教大學運動場で早稻田中學と戰つた、見物人はめずらしいチームが試合をするといふのでスタンドを埋めさかんに番人チームに聲援したが早中もよく守り結局六對六のスコアでドロンゲームとなつた（寫眞は兩軍の主將の握手左が早中の五十嵐君右が臺灣のコモド君）

能高團與早中對戰。《讀賣新聞》，一九二五年七月十二日。

表1-1-3 能高團赴日比賽成績

時間	地點	交戰隊伍	比數
七月十一日	東京	早稻田中學	六比六
七月十四日	橫濱	神奈川一中	五比四
七月十六日	名古屋	愛知一中	二比四
七月十八日	京都	京都府立師範	十三比三
七月二十日	大阪	八尾中學	三比十三
七月二十一日	大阪	天王寺	七比二
七月二十三日	神戶	神港商業	三比二十五
七月二十五日	廣島	廣陵中學	二比三

林勝龍，《日本統治下台湾における武士道野球の受容と展開》，頁二三〇。

照夫）、羅道厚（伊藤次郎）與羅沙威（伊藤正雄）、紀薩（西村嘉造）四人，他們都進入位於京都的平安中學就讀，這是一所歷史非常悠久的佛教系統學校，後來前三人又都進入法政大學就讀，阿仙是非常出色的游擊手，與日本女性結婚，結婚時《台灣日日新報》也曾報導，曾於花蓮的薄薄公學校（吉安鄉宜昌國小前身）擔任代課教師，但爲期不久，後來在東京中野經營米店。

過往喜歡提及原住民選手喜愛赤腳比賽，但是根據法政大學於一九八二年來台友誼賽領隊顧問藤田信男，曾任阿仙、羅道厚的教練，他表示正式比賽規定球員禁止赤腳，一定要穿鞋，所以過往強調原住民選手在比賽中裸足引起日本觀眾的興趣，是有待商榷的，當然選手練習時可以較爲自由，但正式比賽時，應該都有服裝相關規定，這方面的傳說或許可再進一步找其他佐證的資料。

美國職棒來台友誼賽

在台灣棒球剛剛發展的時候，就有美國職棒球員來台進行友誼賽，大正十年（一九二一）在國際棒球協會的牽線下，美國職棒棒球選手訪日，同時順道來台進行友誼賽。陣容是以3A的選手組成加上兩位有大聯盟經驗的選手，與日本進行六場交流比賽都是大勝。一月八日，美國職棒訪問團搭船抵達台灣基隆港，選手們隨即到台北並先參拜台灣神社，下午一點主辦單位在比賽球場——鐵道部球場發出四發煙火昭告民眾這項消息。約兩點左右在美國領事的開球下開始了第一場美國職棒的訪台比賽。台灣則是由在台日人成棒選手組成聯隊，美國職棒隊一局下就得五

◉不遠來臺之
美國野球團
美國野球團一行。日前饗大隈侯之宴。於早稻田本邸。此圖即侯與一行在席交懽之景。聞一行不遠且來臺灣。

美國來台交流的職棒選手。《台灣日日新報》一九二〇年十二月二十二日。

分，此後局局皆得分，一到九棒每位打者都有安打與打點。台灣聯隊只有一支安打，由於實力過於懸殊，美國職棒聯隊以二十六比〇大勝台灣聯隊。翌日舉行第二場比賽，美國職棒聯隊以十一比〇勝台灣聯隊，第三場比賽爲了讓比賽不一面倒，兩隊各交換兩名球員到雙方陣中，美國職棒隊以八比七獲勝，結束了台北三連戰。

十二日則移師台中球場進行一場比賽，十四日南下到台南進行三連戰，一月十五日在台南中學校（南二中前身）操場開打，美國以十九比〇勝南部聯隊，十六日一口氣進行兩場比賽，下午一點開始進行第一場比賽，不過只打五局，美國以二十四比〇贏得第一場，在二點二十分結束，只休息十分鐘後，兩點半進行第二場，這場採七局制，以三十比三贏得勝利，四點二十分結束後，球員搭船到日本，繼續與日本球隊比賽後再回美國。

能夠進場觀看比賽自是所費不貲，台北場次的比賽定價一等券十圓、二等券五圓，學生票一圓。雖然一張票可看兩場比賽，第二天票價打五折優惠，算起來還是非常昂貴。票價雖貴，但球場仍是擠滿了五千多人想目睹美國職棒球員風采或是好奇的民眾，此外也出現了沒錢也想看球賽的民眾，所以他們爬上欄杆，抓著欄杆觀看場內比賽。南部票價稍低些，一等券七圓、二等券三圓、學生與軍人票一圓，若由老師帶著進場的小學生票價為二十錢，這三場平均下來每場依舊有三千人捧場，可見美國職棒的吸引力。

收音機與棒球的流行

日治時期台灣廣播事業於昭和三年（一九二八）由總督府交通局遞信部設置第一座發射台而正式誕生，比起日本本土晚了三年，除了收聽台灣本身的節目，也可以收聽日本的廣播節目。因此，在日本舉行的各種棒球比賽如「六大學棒球聯賽」、「甲子園比賽」等皆可透過廣播同步感受比賽的氣氛。

台灣第一場棒球比賽廣播在一九二九年八月十四日，台北一中參加甲子園棒球賽，對上前橋商業，是以實況轉播方式進行。接著「六大學聯賽」、「都市對抗賽」等都成了廣播的節目，由廣播棒球實況比賽延伸的節目還有棒球主題的演講、講座，一九三一年美國職棒大聯盟明星訪日活動也成了廣播的節目。若以一九三二年為例，根據謝仕淵的研究，除了二、三兩月沒有棒球比賽廣播外，每月都有比賽可收聽。

日治時期購買收音機與支付收聽的費用對一般民衆而言很昂貴，因此擁有收音機的比例並不高，到了一九四〇年只有千分之七，沒有收音機的人可以到擁有者附近收聽，重要比賽時，例如嘉農打進甲子園決賽時，台北放送局在新公園與南門等公共場合播放，歡迎民衆前往收聽，一九三六年嘉農戰勝小倉工業時，朝日新聞社台北支社設置廣播，因而附近交通癱瘓。由此可見，廣播的發展對棒球的流行有著絕大的影響力，台灣電視轉播棒球在六〇年代才開始，因此在此之前都是靠收音機接收比賽資訊。

對棒球的觀念演變

棒球對日治時期的台灣人而言，從硬梆梆的球可能會打死人，避之唯恐不及到擠爆圓山球場觀看棒球比賽，不過是二十年的時間，棒球在台灣推廣除了被球打到很危險外，父母反對加入棒球隊的一大理由是「打球沒有

野球！野球！

全國選拔中等學校野球大會

甲子園より中繼

これはタンゴで「タノ・ヴィエホ」

櫃園詠草

甲子園大賽廣播。《台灣日日新報》，一九三三年三月三十日。

用」，還是很實際的出路問題。在日治時期父母的觀念還是認爲讀好書比較容易找到好工作，日治時期普遍的學歷是公學校畢業，能夠繼續往上讀中等學校也都是家長期待孩子能夠讀更多書，因此擔心打球會影響課業，所以並不希望自己的小孩進入棒球隊。

不過打棒球還有一個現實層面要納入考量，打棒球的手套等球具是一筆不小的費用，嘉農的蘇正生回憶他打球時的一九三〇年代初期手套一個要四、五圓，球棒一支三圓，釘鞋要二、三圓，當時住宿費一學期九圓，所以參加棒球隊是不小的花費，因此當時能夠讓小孩打棒球基本上經濟能力是不差的。甚至早期國手洪太山與擔任教練的宋宦勳都直言家中經濟不錯。宋宦勳受訪時曾表示：「**我的父母沒有反對我打棒球，我家的家境很不錯，我的哥哥都是去日本讀大學的，我爸爸有錢，是讀國語學校畢業的……學校畢業之後回到美濃開設酒廠，賺很多錢，大概比較有讀書見過世面，知道棒球是在做什麼。**」

若從精神層面考量，打棒球是一種身心訓練，進而展現對團體的認同與投入，也就是從個人力量凝結成團體的力量，慢慢訓練球員以球隊爲中心以公去私的精神，成爲球員對於棒球價值的基礎。若再擴大整個體育觀念，一九二〇年代台灣知識分子對於體育的觀念不僅只是身體健康，若能夠在競技場上獲得勝利，不僅能夠證明台灣人不遜於日本人，甚至可以揚威國際。此外，運動競技也是「出人頭地」的另一種選擇，過往好男不當兵的觀念漸漸受到挑戰，透過場上競技，成爲出色選手不僅止於個人的身體健康，找工作上也有幫助。

各地球場興建

透過棒球比賽讓棒球逐漸爲台灣人所認識，但好的比賽需要好的場地，除了保護球員，更能增加觀衆進球場的意願。在一九二〇年之前，基本上不論哪項運動都在公園的空地上進行，並沒有專業場地。查閱早期各項運動的比賽地點，台北幾乎都是在新公園，還有各地的公園：基隆的高砂公園、新竹公園、台南公園、屏東公園等。幾支社會球隊如鐵團、台糖、東洋製糖球場等都有自己的球場，不過這類型的球場因屬於提供社內員工與眷屬使用，因此球場不大。隨著社會秩序逐漸安定，日人群居的地區就有規模大小不一的場地讓他們抒發對野球的興趣，台北地區大約有十四個球場，如表**1-1-4**。

日治初期在台日人根據工作或是居住之地，就近若有空曠的場地，就成爲簡易的球場，例如河頭溝廣場位於鐵道部宿舍的西側，所以成爲鐵道部的球場。新公園球場因位於市中心，對於球員與觀衆前往都便利，一九一九年在工事部高橋辰次郎等人加以整理規劃後，成爲初期棒球比賽的熱門選擇。

隨著台灣棒球風氣逐漸盛行，也開始思索興建新球場的問題，一九二三年配合「東宮行啓」，當時還是太子的昭和天皇來台，舉行了全島運動會，因此改建圓山運動場（今花博爭艷館），台北最主要棒球場也從新公園移至圓山球場，圓山球場取代了新公園球場成了最重要的比賽地。

從一九二三年圓山球場竣工之後，台灣各地興建棒球場在三〇年代是個高

表1-1-4　台北日治時期棒球場位置對照表

日治時期野球場	今日位置
武德會廣場	總統府前廣場
新公園球場	二二八紀念公園
河頭溝廣場	接近淡水河地
國語學校校庭	國立台北教育大學
南城門外廣場	原公賣局附近（南昌路）
古亭町廣場	台灣師範大學
練兵場	公館一帶
大正街廣場	南京西路附近
鐵道部運動場	中興醫院附近
江瀕街廣場	原跑馬場（今萬華區）
一中校庭	建國中學
第一聯隊營庭	東門一帶
高商運動場	台大法學院
圓山球場	原中山足球場（今花傳爭艷館）

蔡宗信，《日據時代台灣棒球運動發展過程之研究——以一八九五（明治二八年）至一九二六（大正一五）年爲中心》，頁六三至六八。林倍群，《空間・地方・記憶——台灣棒球運動之地理學研究（一九二三至一九八二）》，頁三六。

峰，目前台灣主要球場大多在此時興建，這也象徵一九三〇年代棒球運動的日漸普及與對運動場地的重視。在此背景下，台南棒球場在昭和六年（一九三一）十一月二十日開工，占地八千六百九十六坪（二萬八千七百四十三平方公尺），可容納觀衆數爲九百人，一九三二年一月三十一日竣工，工程費用約一萬六千圓。三〇年代所興建的球場，當然以現在眼光來看，都還屬於簡易的球場，通常三個月左右就可完工。

台南球場完工後，二月六日舉行首場比賽，由台南隊以十比四擊敗台中隊。

台南球場一九三二年完成的模樣。《台灣日日新報》，一九三二年七月二十日。

台南棒球場是第一個繼圓山球場後興建的棒球場，台南附近由於設有多座糖廠（鹽水有鹽水港製糖、麻豆設有明治製糖、仁德有台灣製糖），糖廠內雖有簡易球場，但是隨著時代的推移，比賽日漸增多，例如較高水準的日本大學來訪的比賽，簡易球場不符需求，所以台南一九三一年由當時的台南市尹菱村提議興建棒球場。此外，《台灣日日新聞》一九三一年十二月四日曾刊登〈「野球狂時代」と野球場理想的な球場が是非欲しい〉（「棒球狂時代」與棒球場絕對想要理想的棒球場）一文，文中提到台灣棒球運動已經日漸風行，過往還未出現理想的棒球場時曾讓外野手接球時腳部受傷，現在由於嘉農還有都市對抗等比賽帶起棒球風潮，因此絕對有必要建造理想的棒球場。

日治時期高雄市在西子灣附近已有

了棒球場，原本在風光明媚的西子灣搭配附近的海水浴場，是高雄人絕佳的娛樂場所。但過於靠近海邊，夕陽時陽光過於強烈，不利比賽，所以一九三三年，高雄曾在今中正四路的高雄郵政總局興建「東球場」，後又因配合市政建設而拆除。台東市也在這股風潮下興建了棒球場。基於台東市發展需要，興建綜和運動場，棒球場作爲綜合運動場的一部分，棒球場與田徑場占地一萬五千坪，以鯉魚山爲背景，位於台東神社附近，由台東製糖株式會社捐出部分用地，興建了台東首座棒球場。

小結

台灣棒球運動的推廣若很簡單的歸結就是用比賽來帶動棒運，這也是日治時期各項運動發展的特質。從社會人士、各級學生棒球比賽、與日本內地各種球賽交流都是推廣棒球運動的各項基礎環節，此外隨著報刊、廣播媒體的報導與播送，讓不能到場觀看棒球比賽的民眾也能接近棒球。主導日治時期棒球運動的台灣體育協會野球部，主管人員皆是棒球選手出身，包括歷任野球部長加福均三、速水和彥，體協幹事長湯川充雄爲棒球運動發展做了良好的規劃，奠定了台灣棒球運動的基礎。

野球詞彙的誕生

「野球」這個日本漢字是台灣棒球迷再熟悉不過的日本漢字，是由一高出身的中馬庚所譯。明治二十一年（一八八八）九月進入第一高等中學校就讀，並加入棒球隊，擔任二壘手。一八九三年中馬庚畢業之時，被委託寫一本《ベースボール部史》（棒球隊史），當時日本皆以外來語ベースボール指稱這項自美國傳入的運動，由於當時日本已將tennis網球這項外來運動譯爲「庭球」，所以也想將ベースボール這個詞彙選擇一個漢字的對應翻譯，一開始選擇「底球」，但被認爲容易與「庭球」混淆，所以並沒有成爲正式的名稱，直到明治二十七年（一八九四）中馬庚將它以ball in field的概念引入，並將之譯爲「野球」。一八九五年二月，中馬庚完成了《一高野球部史》，一八九七年出版的《野球》，是日本第一本關於棒球的專門書籍。在書中〈序言〉提及「野球」是一八九四年時所譯，所以「野球」一詞是一八九四年時產生，過去雖有著名俳句詩人正岡子規將它譯爲野球二字的說法，但實際上是由中馬庚所譯，並因此於一九七〇年時入選野球殿堂（日本棒球名人堂）。

中馬庚著作《野球》。

正岡子規爲夏目漱石的東大英語科同學，棒球剛傳入日本時，正岡就接觸了這項運動，位置是捕手。現在日本的棒球用語「打者」、「走者」、「四球」、「直球」、「飛球」都是由正岡所翻譯。也因爲透過文學作品來普及棒球運動，正岡子規在二○○二年繼中馬庚之後也入選日本野球殿堂。二○○七年七月二十一日將上野公園內的棒球場命名爲「正岡子規記念球場」，以此紀念正岡藉由文學作品普及棒球運動。日治時期台灣民眾自然而然接受野球的詞彙，直到戰後才轉換爲棒球。

天下的嘉農——台灣首次進軍甲子園決賽的事蹟

霧峰玉山我仰望，累積甘苦幾風霜，堅定矢志要奪冠，我等立誓氣昂揚。
誓爲母校來增光，不斷磨練再成長，多少辛酸凝成鋼，我軍陣容已堅強。
男子漢無懼勇往，千錘胳膊已強壯，不怕頑強多囂狂，劫如破竹敵喪膽。
啊！嘉農，啊！嘉農，加油！加油！
啊！嘉農，啊！嘉農，加油！加油！

嘉農棒球隊加油歌[1]

一九九七年第二屆金龍旗請來日治時期進軍甲子園的嘉農成員蘇正生開球，二

1 蔡武璋，〈嘉農棒球史〉，《嘉農人》第一期，轉引自謝仕淵，《國球誕生前記——日治時期台灣棒球史》（台南：國立台灣歷史博物館，二〇一二），頁一七三。

○○一年八月六日甲子園的開幕典禮上，嘉義農林棒球隊ＯＢ成員在嘉農進軍甲子園七十年後，由日本高等學校野球聯盟特別招待到球場觀戰。嘉農棒球隊ＯＢ隊員捧著嘉農的校旗與亞軍的盾進場，同時拜訪了高校野球聯盟與朝日新聞社等單位，受到相當的禮遇，可以看出嘉農進軍甲子園的故事在台日兩地都是棒球史上令人難以忘懷的光榮事蹟。

嘉義農林棒球隊的成立

棒球運動傳入台灣後，最讓球迷津津樂道的便是一九三一年首次甲子園出賽的嘉農打進決賽。嘉農全名「台南州立嘉義農林學校[2]」於一九一九年六月開校，學校一開始先成立網球、田徑隊，直到一九二八年四月才成立了棒球隊。與台灣幾支傳統中等學校優秀隊伍相比，嘉農棒球隊起步是晚了許多年，卻在成軍三年後，馬上取得代表台灣進軍甲子園的資格。

棒球隊成立後，學校尚未聘請專業的教練執教，根據拓弘山（眞山卯一）的口述，是先由安藤信哉老師擔任實際教練的工作，一九二九年曾請山本繁雄與濱田次箕擔任教練，直到同年十月，校方聘請嘉義工商專修學校，出身松山商業傳統棒球名校教練的近藤兵太郎擔任教練後，成爲嘉農脫胎換骨的重要因素。

成軍三個月的嘉農馬上參加「第六回全島中等學校野球大會」，首場以○比

2 台南州立嘉義農林學校幾經改名，在二〇〇〇年與嘉義師院合併爲嘉義大學。

十三慘敗給台中商校。成軍第二年，一九二九年七月在「第一回中南部中等學校野球大會」，當嘉農再次遇到台中商校，雙方卻是一比一打成平手，並且以七比五擊敗台南一中，贏得成軍後的首勝。並在四個月後的「第一回嘉義野球大會」中奪冠，嘉農已經慢慢展現出日漸雄厚的實力，成爲嘉義地區具有代表性的棒球隊。不僅如此，一九三〇年的「文化三百年紀念．全島野球大會」擊敗兩支代表性隊伍台北一中與台北商業學校，打破北部學校獨大的現象。現在來看嘉農在台灣棒壇崛起的確神速，而他們常常參加大小比賽，以比賽增加球員的實力。

首次贏得全島中等學校野球大會冠軍

一九三一年七月在台北圓山球場舉行的「第九回全島中等學校野球大會」，共有十一支來自台灣各地選拔出來的隊伍，這是作爲日本「全國中等學校野球優勝大會」的台灣資格賽，贏得冠軍隊伍即可代表台灣到日本參加甲子園大賽。在首場比賽對戰台北一中，投手吳明捷與陳耕元（上松耕一）聯手投出無安打無失分比賽，幫助球隊以十五比〇獲勝。接著對戰台中二中，以十七比十贏得勝利晉級四強，在準決賽中順利以十四比三擊敗台南一中，取得決賽資格，而決賽對手是贏得三次冠軍的台北商業學校。

一九三一年七月二十三日，嘉農在延長賽中以十一比十擊敗台北商業學校，首次取得代表權到甲子園參加「第十七回全國中等學校優勝野球大會」，嘉農將與從六百三十四校選出的二十二支優秀隊伍爭奪冠軍。首次贏得台灣代表權的嘉農，七

嘉農選手奪冠後攝於台北車站。《台灣教育》三五〇號，一九三一年九月。

月二十四日帶著優勝錦旗從台北回到嘉義火車站，受到熱烈歡迎，球員乘著汽車沿著現今的中山路遊行到噴水池，兩旁則擠滿歡迎的民衆。嘉農選手回到學校後更加緊練習，還有更艱難的比賽等著他們。

首次參加甲子園大賽

七月三十一日嘉農從嘉義火車站北上，與台北一中、台北商業、台北工業等學校組成的聯隊進行兩場出發前的比賽，兩場比賽都獲勝，讓近藤教練對自己的球隊很有信心。八月五日從基隆港搭船至神戶。經過五天四夜航行，九日抵達神戶港。八月十三日開幕典禮上，嘉農是最後進場的球隊，由原住民、漢人與日本人組成的隊伍，高壯的身材，黝黑的皮膚引起觀衆的好奇。

爲了這次進軍甲子園，近藤兵太郎

特別商請他在早稻田大學的隊友擔任客座教練，負責投捕暗號。八月十五日下午三點七分，嘉農在甲子園首場賽事開始了，對手是神奈川商工，這是場投手戰的比賽，直到第七局，由三棒的藍德和（東和一）獲得保送開始，拓弘山（眞山卯一）短打碰到投手手套形成安打，小里初雄擊出三壘滾地球將隊友送上二、三壘，川原信男擊出投手方向強襲球將隊友送回得到寶貴二分。八局下嘉農追加一分。而神奈川商工在吳明捷的壓制下，全場僅被五棒花井擊出一支安打，讓神奈川商工吞下八次三振，不過吳明捷也有四次四壞保送。吳明捷同時擔任第四棒的重責大任，四打數擊出一支安打，球隊以三比〇獲勝。嘉農首次在甲子園出賽，這場比賽的看點可以說是讓日本觀眾初步理解嘉農的狀況如何，球風有何特殊之處，可以說是滿足日本棒壇還有觀眾的好奇。

吳明捷甲子園首場出賽後，八月十六日的《讀賣新聞》第六版上，認爲吳明捷身材高大，下墜球控制能力佳，迷惑了神奈川商工的打者，雖然只是第一場出賽，吳明捷已經充分展示了一位名投手的實力。

順利通過第一場比賽後，十八日下午三點半，第二場的比賽對上札幌商業，雖然札幌商業一局上就得到三分，但是嘉農發揮更出色，全隊打擊大爆發，先發九人人人有安打，特別在第八局，單局擊出七安打，得到六分，讓對手無法反攻，全場共擊出二十支安打，嘉農順利以十九比七獲勝。

二十日準決賽對上傳統強隊小倉工業學校，嘉農在首局第一棒羅保農（平野保郎）獲得保送後，二棒蘇正生擊出投手前滾地球，投手植田傳二壘時發生失誤，嘉

嘉農の勝敗如何にと……
—臺北放送局前に固唾をのむ群集

在台北放送局前收聽嘉農對中京的群衆。《台灣日日新報》，一九三一年八月二十二日。

農在無人出局攻占二、三壘的好的開始情況下，靠著吳明捷三游間安打，將隊友送回本壘得到二分。二局在滿壘時，捕手捕逸再添一分，八局上小倉工業連續安打與二壘手川原的失誤，得到二分，結束了小倉最後的反攻，嘉農八局下一口氣得五分，奠定了勝利。

《讀賣新聞》賽後評論認爲一局下投手植田自己傳二壘的失誤，造成嘉農得到兩分成爲小倉工業一開賽的重擔，而投到第八局，植田露出疲態，投出三次保送被擊出三支安打，讓嘉農製造了五分的大局，兩個關鍵局造成了兩隊不同的結果。而小倉工業雖然也打得到吳明捷的球，多次進占到三壘，但缺乏關鍵安打，殘壘過多，還有小倉工業的六次失誤，也是重要關鍵。

甲子園對決過後，在四個月後，小倉工業來到台灣進行友誼賽，十二月二十九日小倉工業又與嘉農比賽了一場，依舊在吳明捷出色的投球下，嘉農九比三再度擊敗了小倉工業。

一鳴驚人的嘉農在二十一日下午二點五分與同樣首次參賽的中京商業爭奪第十七回中等學校野球冠軍，兩支「初出場」的球隊在決賽碰頭，話題十足。比賽的三、四兩局，中京商把握了關鍵的得分機會，三局上在兩人出局一、二壘有人的情況下，鈴木擊出三游間方向安打，中京商得到二分，村上接著擊出安打，從二壘闖本壘的鈴木被刺殺在本壘前，結束三局上的攻勢。四局上，吳明捷先投出四壞球後被杉浦擊出安打，形成一、三壘有人，杉浦盜向二壘，吳明捷控球不穩發生暴投，壘上二名跑者皆回本壘得分，吳明捷接著又繼續對吉岡與大鹿投出保送，恆川右外野方向安打造成一出局滿壘，吳明捷先讓櫻井擊出投手前滾地球，讓吉岡在本壘前出局，鈴木擊出二壘方向滾地球結束了中京商的攻勢。四局之後中京商也未再得分，終場就以四比〇擊敗嘉農。（全場完整過程請參考表1-2-1）

吳明捷在連投三場後已經出現手指破皮，但教練仍舊推吳明捷先發，前三場十分優異的表現，在決賽時受到手破皮的影響，被中京商擊出十一支安打，送出八次保送，沒有任何三振。除了投手發揮的問題外，嘉農也剛好遇上屬於傳奇投手的吉田正男投球，吉田在決賽中發揮十分出色，被擊出六支安打，三振嘉農選手九次，讓嘉農完全無法發揮打擊與腳程，以〇比四敗下陣來。特別是九局上嘉農的最後反攻，三名出局的打者皆是遭到吉田的三振。

表1-2-1 嘉農與中京商業冠軍戰全程

一局上	1. 一棒羅保農打第一球，擊出游擊手後方飛球遭中外野手接殺 2. 蘇正生游擊方向滾地球 3. 陳耕元打第一球，擊出三壘方向安打 4. 吳明捷擊出游擊滾地球，陳耕元在二壘前遭到封殺
一局下	1. 第一棒大鹿獲得四壞保送 2. 恆川短打點到投手前造成雙殺 3. 櫻井右外野安打 4. 鈴木擊出三壘滾地球，傳二壘將櫻井封殺在二壘前
二局上	1. 藍德和二壘滾地球 2. 拓弘山內野高飛遭捕手接殺 3. 小里投手方向飛球
二局下	1. 村上獲得四壞保送，企圖盜上二壘被觸殺出局 2. 後藤三壘方向安打 3. 杉浦二壘滾地球，將後藤封殺在二壘前 4. 吉田游擊方向滾地球
三局上	1. 川原中外野安打，中外野手傳一壘暴傳川原上二壘 2. 福島擊出二壘方向滾地球，福島出局，川原上三壘 3. 羅保農三壘方向滾地球 4. 蘇正生兩好兩壞後揮棒落空遭到三振，嘉農沒能先馳得點
三局下	1. 九棒吉岡擊出三游方面滾地球，原本可形成安打，因游擊手羅保農的好守備出局 2. 大鹿打出二壘飛球 3. 恆川擊出中外野安打 4. 櫻井獲得四壞保送，中京商進占一、二壘 5. 鈴木第一球擊出三游間安打，恆川由二壘回到本壘，得到中京商第一分。鈴木想利用趁傳跑二壘，捕手藍得和傳二壘暴傳，櫻井回到本壘得到中京第二分 6. 村上擊出三壘方向內野安打，鈴木試圖回本壘，被觸殺在本壘前

四局上	1. 陳耕元遭到三振 2. 吳明捷游擊方面滾地球 3. 藍得和擊出二壘滾地球安全上壘 4. 拓弘山遭到三振
四局下	1. 後藤獲得四壞保送 2. 杉浦短打點至一二壘方向，形成內野安打，後藤跑到三壘 3. 杉浦盜上二壘 4. 吉田一壘滾地球 5. 吉岡打擊時，吳明捷投出第一球發生暴投，中京一口氣跑回兩名打者，以四比〇領先嘉農 6. 吉岡獲得四壞保送 7. 大鹿獲得四壞保送 8. 恆川右外野安打，形成一出局滿壘 9. 櫻井投手前滾地球，吉岡在本壘前遭到封殺 10. 鈴木二壘滾地球
五局上	1. 小里遭到三振 2. 川原遭到三振 3. 福島三壘滾地球出局
五局下	1. 村上游擊上方飛球 2. 杉浦獲得四壞保送 3. 吉田二壘飛球 4. 吉岡二壘滾地球，將杉浦封殺在二壘前
六局上	1. 蘇正生游擊滾地球，不規則彈跳造成安打上一壘 2. 陳耕元三壘滾地球出局，蘇正生上二壘 3. 吳明捷二壘滾地球出局，蘇正生上三壘 4. 藍得和遭到三振
六局下	1. 大鹿獲得四壞保送，並盜上二壘 2. 恆川中外野飛球 3. 櫻井一壘前內野安打，並盜上二壘，形成二三壘有人 4. 鈴木右外野飛球 5. 村上游擊滾地球

七局上	1. 拓弘山一壘飛球 2. 小里右外野飛球 3. 川原獲得四壞保送 4. 福島擊出二壘方向滾地球
七局下	1. 六棒後藤三游間安打 2. 杉浦右外野飛球 3. 吉田三壘滾地球，球傳二壘將後藤封殺在二壘 4. 吉岡擊出二壘方向內野安打，造成二三壘有人 5. 大鹿左外野飛球。
八局上	1. 羅保農三游間穿越安打 2. 蘇正生二壘飛球 3. 陳耕元一壘界外飛球 4. 吳明捷三壘方向緩慢滾地球，吳明捷跑出內野安打，羅保農利用一壘手傳球時上三壘 5. 藍德和游擊飛球
八局下	1. 恆川投手前飛球 2. 櫻井二壘飛球 3. 鈴木三游方向安打，趁守備暴投上二壘 4. 村上游擊上方飛球
九局上	1. 拓弘山三振 2. 小里游擊方向安打 3. 川原三振 4. 福島在二好一壞球後遭到三振，比賽結束

1.《讀賣新聞》，一九三一年八月二十二日，五版。

2.《台灣日日新報》一九三一年八月二十二日，夕一版。

3. 西脇良朋，《台灣中等學校野球史》，頁一四一。

晚報頭版對嘉農報導。《台灣日日新報》，一九三一年八月二十二日。

球隊與各方評論

賽後教練、選手與棒球評論員都對這場比賽提出了嘉農輸球的看法：

近藤教練：回台後近藤教練指出決賽輸球的原因：吳明捷疲累了，表現不如預期，常出現四壞球，下墜球被識破，全隊長打不多，多是內野安打，對於嘉農被批評選手選球能力較差，但近藤反駁這樣的說法。

濱田教諭：濱田提到台灣與日本內地兩者評論大同小異，對於輸球感到十分抱歉。

吳明捷：吳明捷認為輸球是前一戰對小倉工業耗費太多體力，影響了決賽的表現。吳明捷的父親說實力本來就有段差距，輸球也是無可奈何的事情。而擊敗嘉農的吉田回想他的甲子園比賽，在〈あの、感激の甲子園〉（感動的甲子園）一文中以彗星般的球隊形容嘉農。

森茂雄：前早大棒球隊隊長森茂雄評論這場比賽認爲，守備與打擊是中京商優於嘉農，嘉農是以速度見長的球隊，若能上壘必定會讓中京商陷入苦戰，但中京商沒給嘉農這樣的機會，這是中京商勝利的原因。加上投手吳明捷被得分後，似乎有些焦急，三局下，嘉農在川原無人出局進占二壘仍未得分，嘉農若是此局能得分，勝負如何仍是未定數。吉田投手的優異表現與守備上的幫忙都應該記上一筆，總而言之，中京商發揮了它應有的水準，而嘉農沒有發揮應有的戰力是輸球的因素。

蘇正生：蘇正生受訪時提到吳明捷太過於聽教練要他投下墜球的指示，因爲他手指已經破皮，無法控制球，常在本壘前落地，但吳明捷又不敢讓教練知道他手指破皮，所以過多四壞保送而輸球。

雖然輸球，球評家飛田穗州對於嘉農的奮戰精神感到敬佩，飛田也特別提到蘇正生的臂力、羅保農的跑壘速度以及川原信男的防守功力都讓他印象深刻，印證了出發前，近藤教練提到他對自己的球隊打擊與跑壘速度有信心的看法。朝日新聞記者中尾濟認爲：「嘉農的球風有點像十幾年前的球界寵兒一高、三高，當然增添了幾分洗鍊之感。選手個人的技術、強烈的鬥志、也十分努力，團結心也有，但可惜的是九人選手所展現的團隊成果卻不夠，對於某些突如其來的狀況判斷與動作上欠缺機敏性讓人感到遺憾。」因此中尾記者傾向認爲嘉農的球風是比較舊式野球的球風。

嘉農的表現也吸引了文學大家菊池寬（文藝春秋雜誌創辦人）的注意：「我是在嘉農與神奈川商業之戰時被嘉農吸引的。內地人、本島人（漢民族）、原住民不同民族的選手爲了同一目地努力完成，眞的讓我感動得掉下眼淚，實際上大部分來到甲子園的觀衆都是爲了看嘉農隊的。」

閉幕典禮上，大會委員長由學習院院長荒木將優勝旗頒給中京商的隊長大鹿，嘉農選手雖在一旁拭著淚水，卻也很有風度大聲鼓掌，比賽中的奮戰精神讓媒體稱讚爲「天下的嘉農」。在賽程結束後，朝日新聞社即招待嘉農的選手到大阪城與東照宮觀光，大成火災保險株式會社也爲嘉農選手辦午宴，晚上還有台灣同鄉會的宴會。除了甲子園比賽的新奇體驗外，主辦單位或是相關單位也會在賽前與結束後舉行餐會，這對當時還是中等學校的學生來說，也是新鮮體驗。蘇正生在一九九二年的口述中提到（刊於《職棒雜誌》一〇八期）：「宴請的是西洋料理（西餐），第一道上的菜色是奶油和麵包，我們以前根本沒看過那一小塊黃黃的奶油，不知道做什麼用的，所以大家都不敢動它，後來有一位隊友忍不住用手拿起來咬了一口，大家也就一個接一個咬了起來。這一頓就這麼『有樣學樣』的吃完。」這些場外活動也是選手在球場比賽之外一個新鮮的體驗。

八月三十日，嘉農教練與選手一行人所搭乘的「大和丸」抵達基隆港，已有熱情民衆與相關人員在等待了，接著是一連串的慶功宴與歡迎茶會等等，三十一日下午二點十四分嘉農選手抵達火車站，嘉義市民早已在今中山路兩旁歡迎這群選手的

表1-2-2 嘉農甲子園賽後的行程

時間	行程
八月二十二日	上午由朝日新聞社接待球隊觀光。→中午大成火災保險公司招待午宴。→晚間由旅居大阪、神户台灣同鄉會約一百五十人開慶功宴
八月二十三日至二十四日	離開大阪，前往京都、東京觀光
八月二十五日	名古屋觀光→神户→由神户港回台
八月三十日	抵達基隆→參加台灣體育協會主辦歡迎茶話會（PM5:00~7:00）→台北住宿
八月三十一日	到達嘉義火車站（PM2:14）→參拜嘉義神社→小學校講堂歡迎茶話會（約一千人出席，松岡市尹、三原教育係長（係長爲日本特有職稱，在課長之下，主任之上）致詞，濱田教諭、近藤教練報告甲子園的戰況）→碧霞樓（PM6:00）
一九三一年九月一日	到達台南火車站（AM9:34）→參拜台南神社→台南洲廳→台灣日日新報社台南支局→市役所→台南火車站（PM3:04）搭車返校

歸來，包括當時嘉義市尹松岡一衛、三原教育係長、嘉農校長等人都相繼舉辦歡迎選手凱旋歸來的歡迎會。這初次甲子園之旅，約一個月的旅程，回到台灣後，依舊有滿滿的歡迎行程等著他們。（參考表1-2-2）

不僅現在的嘉義市，由於當時嘉義農林學校是屬台南州，因此台南州也都與有榮焉，九月一日台南州政府也邀請嘉農選手的來訪，參拜神社與宴會等各項活動。總之，嘉農是第一支能夠在甲子園連贏三場比賽晉級到決賽的球隊，對於當時提升棒球風氣，特別是硬式棒球是最好的宣傳，一般民衆對於硬梆梆的棒球不再那樣恐懼，就算不是學校球隊選手，若民衆負擔得起，也有民衆會開始玩傳接球，讓棒球作爲生活的運動與娛樂，在台灣更流行。八月十六日晚上七點三十分在新公園播放嘉農與中京商業的決賽，也是嘉農人氣的反應，甚至嘉農擊敗小倉工業後，上海的體育協會也提出與嘉農進

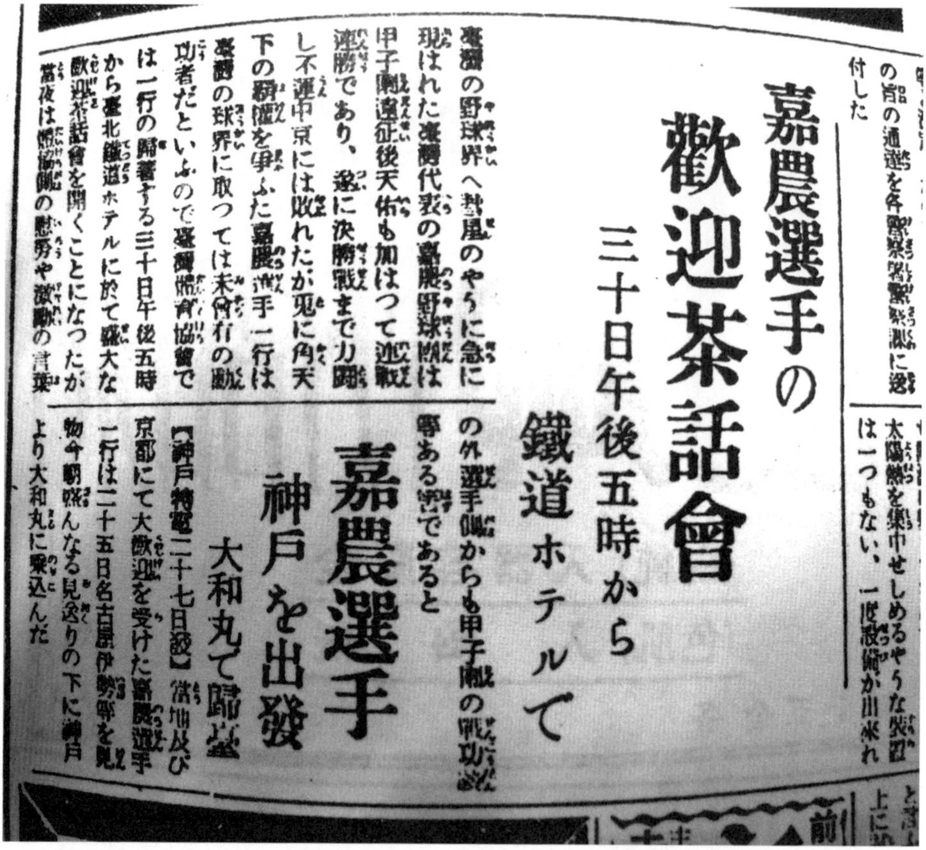

付した

太陽熱を集中せしめるやうな裝置は一つもない、一度設備が出來れ

嘉農選手の歡迎茶話會

三十日午後五時から鐵道ホテルで

臺灣の野球界へ彗星のやうに急に現はれた臺灣代表の嘉農野球團は甲子園遠征後天佑も加はつて連戰連勝であり、遂に決勝戰まで力戰し不運中京には敗れたが兎に角天下の覇權を爭ふた嘉農選手一行は臺灣の球界に取つては未曾有の殊功者だといふので臺灣體育協會では一行の歸臺する三十日午後五時から臺北鐵道ホテルに於て盛大な歡迎茶話會を開くことになつたが當夜は體協側の慰勞や激勵の言葉の外選手側からも甲子園の戰功談等ある筈であると

嘉農選手 神戸を出發

大和丸で歸臺

【神戸特電二十七日發】當地及び京都にて大歡迎を受けた嘉農選手一行は二十五日名古屋伊勢等を見物今朝盛んなる見送りの下に神戸より大和丸に乘込んだ

嘉農甲子員園決賽後的行程。《台灣日日新報》，一九三一年八月二十八日。

行友誼賽，雖然經過相關單位評估之後並未成行，但依舊可體會嘉農的人氣。

嘉農王牌主投吳明捷

常看甲子園比賽大概都會發現各隊基本上會有「一人主投」的現象，嘉農也是從台灣的甲子園預賽一直到日本四場球賽都是由吳明捷一人完投。隊上另一位投手劉蒼麟（前棒球國手劉秋農的父親）苦無機會上場，劉蒼麟爲隔年一九三二年的主投，可惜在南部預賽就敗給高雄中學，無法參加台北圓山公園球場的第二階段比賽。同時甲子園比賽也常產生「強投兼強打」現象，但是主投也扛起隊上第四棒的中心棒次，包括王貞治代表早稻田實業學校在甲子園比賽時也是強投兼強打。

吳明捷的出身背景在湯川沖雄的《台灣野球史》四三五至四三六頁，特別以〈吳投手的家庭〉做了介紹，吳明捷出生於新竹州下的苗栗郡（今苗栗縣興隆村），父親吳楊安曾擔任法院書記，後改代書業。吳明捷在一九二六年苗栗公學校高等科畢業後進入嘉農就讀，小學時代就喜愛運動，一開始先接觸網球與游泳，在鎌田老師建議下接觸了棒球。不過吳明捷進入嘉農就讀後一開始先以網球選手身分代表學校到台北參加比賽，之後才轉爲棒球選手。姊夫張錦昌說吳明捷是個個性溫和的孩子，學校成績中等，但修身科常得甲的成績，也會柔道。

蘇正生印象中的吳明捷：「投手吳明捷練投，他是採用標準的高壓投法，不但姿勢漂亮而且球速驚人，每一球投進捕手藍德和（東和一）的手套中，都發出『啪、啪』的有勁聲響，這使得現場看球的人心生激賞之感。」蘇正生也提到，吳明捷可以說典型剛猛型投手，球速快且球質重，儘管最後決賽無法發揮應有的水準，但在投手丘上已經爲嘉農立下了大功。

吳明捷僅有一次甲子園參賽經驗，但他緊緊抓住了大家的目光，除了投手丘上的傑出表現，四場比賽皆擊出安打，十七個打數擊出七支安打，打擊率零點四一二，爲全隊第二高，沒有被三振，是先發九人中唯一沒有被三振的選手。在守備方面，十四個守備機會都沒有失誤。在八十年後，若讀當時的相關統計資料，或許會感到吳明捷或是嘉農就輸給吉田正男一人吧，因爲簽表的結果，中京商比嘉農多打一場，中京商也是讓吉田場場先發，所以吉田比吳明捷多投一場，所以遇上「不世出」的吉田也是無可奈何的事情。吳明捷於一九三二年三月自嘉農畢業，因羅患腸痢疾，住院痊癒後才前往日本早稻田大學就讀。

最優秀打者は 早大の吳

最優秀打者のトップを爭つた早大同士の淺井中堅手と吳一壘手はリーグ戰最終の早慶二回戰の結果前日まで僅少の差でリードしてゐた淺井選手に一本も安打なく吳選手は一本の三壘打を放つて兩者共に三割三分三厘の同率となつたが吳選手は打數、安打、壘打共に淺井選手より多く結局吳選手がリーディング・ヒッターの榮冠を得た
吳選手は臺灣生れ、嘉義農林時代は投手として全國中等學校野球大會にも活躍し早大入學後は一壘手に轉向したが今秋二本の本壘打を打つなど健棒振りを見せた、現在大學商學部一年生、廿二歲の若人である【寫眞は吳】

立教野球一勝一敗

【甲子園電話】秋のシーズンを終つた立教野球チームは一日甲子園球場で關大、關學とダブルヘッダーを舉行一勝一敗の成績を殘した
立教

吳明捷榮獲「六大學」一九三六年秋季打擊王。

《讀賣新聞》，一九三六年十一月二日。

吳明捷進入早大預科與本科六年期間，改擔任一壘手，同樣是第四棒，在一九三六年秋季「六大學棒球聯盟」賽事中，以零點三三三的打擊率獲得打擊王。此外，吳明捷在一九三八年曾追平慶應大學的武宮三郎於一九二九年創下的七支全壘打的紀錄（一九三五年春季一支，一九三六年秋季二支，一九三七年春季賽一支，一九三八年春季三支），並幫助早稻田大學奪冠，七支全壘打的紀錄，一九五七年才由當時就讀立教大學的長嶋茂雄打破。特別是在一九三七年六月五日的早慶戰的延長賽中擊出再見全壘打，幫助早大以二比一擊敗宿敵慶應大學（早大打點都是吳明捷貢獻）。不論是甲子園或是六大學都有出色表現，在戰前老一輩的球迷都對吳明捷印象深刻。

吳明捷與吉田正男兩位甲子園傳奇投手都沒有加入當時剛起步的日本職棒，吳明捷畢業之時許多相關人士也勸他打棒職棒，也與前輩森（或許是森茂雄）先生討論良久，也許暫時不想打球了，幾經思考後，最後還是選擇了台灣拓殖株式會社東京支社工作，結束了選手生涯。

戰後從事砂糖輸入、外國車買賣與經營中華料理店，但都不順利，之後與吳昌征一樣與日本女性結婚，戰後吳明捷也曾回家鄉數次。一九八〇年十二月回台處理私事並到台北市立棒球場觀看青棒榮工隊與韓國隊的友誼賽，接受《民生報》記者的訪問時表示沒加入日本職棒是他一生後悔的選擇。三年後，吳明捷於一九八三年十月十八日晚上十點因心肌梗塞去世，享年七十二歲。

第二次進軍甲子園

一九三二年三月，有吳明捷、蘇正生、陳耕元（上松耕一）與拓弘山（眞山卯一）四位主力選手畢業，嘉農在先發陣容上做了調整。包括日後有「人間機關車」之稱的吳昌征（吳波）的加入，一九三二年是球隊調整時期，台灣內的資格賽也發揮不佳。一九三三年嘉農又重新調整了陣容，雖然在南部預選比賽中輸給台南一中，但在七月二十三日台灣資格賽決賽扳回一城，嘉農九比一擊敗台南一中，第二度代表台灣進軍甲子園大賽。來到日本後，賽前近藤監督表示球隊狀況佳，此時就讀早大預科的吳明捷也前來甲子園球場指導學弟打擊，結果卻是首場以一比十輸給松山中學，打擊完全沒發揮。

相隔兩年的甲子園大賽，嘉農首場於八月十六日出賽，第一局先發投手羅保農順利解決第一棒打者高須賀後，接連被擊出四支安打與投出一次保送，在僅僅解決一個人次情況下，換上吳昌征。吳昌征先被擊出一支安打後穩定下來，三振久保田，並讓名越打出高飛球，結束松山中學首局就得四分的猛攻。三、四兩局，松山中學分別添加了三分、一分，比數已來到八比〇，嘉農前四局只有羅保農擊出一支安打。嘉農寶貴的一分在第六局獲得，今久留主淳三壘方向安打，福島又男獲得保送，羅保農內野滾地球讓隊友進占一、三壘，吳昌征二壘安打讓今久留主淳得到嘉農唯一的一分，終場以一比十敗給松山中學。嘉農雖然首戰出局，但是他們繼續留下見證了甲子園「史上最長的一役」，在準決賽由中京商與明石中學的對決，二十五局的精彩比賽。

第三次進軍甲子園

一九三五年三月嘉農首次參加春季甲子園大賽，這是由大阪每日新聞社所舉辦，有別於夏季甲子園大會，是三月底至四月初舉行的賽事。這場由吳昌征先發的比賽，對手是來自埼玉縣的浦和中學，也是一支首次在春季甲子園參賽的球隊。浦和中學賽前與嘉農一樣被《讀賣新聞》評爲C級球隊。三月二十六日的《讀賣新聞》在賽前的分析報導中，對投手陣容因較年輕並不抱期待，所以並不看好嘉農，將嘉農列入實力最弱的C級。此次共有二十支球隊角逐冠軍，將參賽隊伍分爲ABC三級，C級包含了嘉農以及首戰對手浦和中學等九支球隊，比賽結果也如賽前預測，嘉農過多的保送導致首場就敗下陣來。

這場比賽成了四壞球大賽，特別是六局上，嘉農投手共投出八次保送同時被敲出三支連續安打，這局浦和中學得到九分，成了勝敗關鍵。主投吳昌征送出十六次保送，加上後援的兒玉玄與楊吉川三位投手共投出二十一次保送，使得嘉農首場就嘗敗績。近藤教練賽後認爲來到日本後，幾乎沒看到太陽露臉，球員尚不適應寒冷的天氣導致球員無法發揮實力。

現在來看這場比賽的攻守數據，首先會訝異嘉農投手四壞保送的次數之多，特別是吳昌征六又三分之一局的投球，十六次保送，第六局吳昌征投出第七次保送後，換上右外野手兒玉玄後援，吳昌征則轉至右外野守備。兒玉被擊出二支安打投出一次保送，沒有解決任何一個人次，又與吳昌征互換守備位置，讓九棒菅野擊出三壘上空飛球終於結束六局浦合中學的攻勢。七局吳昌征繼續投球，直到又送出三次保送被擊出一支安打後換上游擊手楊吉川投球才止住保送。

第四次進軍甲子園

挑戰春季甲子園失利後，嘉農也重新調整陣容，吳昌征球賽後肩膀受傷，從此以中外野手爲守備位置，嘉農也發掘了一年級的藍德明（東公文）這位新的「怪投」。夏季嘉農再度捲土重來，七月二十六日，嘉農以七比四打敗台北商業學校，再度贏得資格賽冠軍前往日本比賽。球評家飛田穗洲對嘉農有著良好的印象，認爲嘉農有著日本本土球隊所缺乏的精悍與優異的腳程，只要有選手上壘，就虎視眈眈想往前盜壘，實在非常可怕。而且若是一壘安打也會跑成二壘安打，二壘安打就跑成三壘安打，速度驚人，但是在打擊方面火力較弱。八月十六日，藍德明（東公文）完投九局，以四比一贏平安中學[3]。

日本媒體盛讚藍德明下勾投法姿勢看來很怪異，藍德明的內飄球投得出色，到第七局平安中學尚未擊出安打，僅以兩個保送與一次野手失誤上壘。嘉農頗能打到平安中學投手高木的球，除了第五、八兩局，局局皆能上壘。藍德明的怪投只讓安平中學在九局上密集三支安打得到一分，終場以四比一旗開得勝。開賽前媒體預測會是平安中學小勝，但是藍德明的優異表現，讓傳統強隊首場比賽就出局。飛田也稱讚嘉農有了攻擊型球隊的味道，守備處理也堪稱穩定，嘉農的霸氣展現讓飛田十分讚賞

3 位於京都的平安中學校是日本西本願寺系統的佛教學校，一八七六年創立於滋賀縣彥根市，一九〇九年遷至目前京都校區。目前名爲「龍谷大學付屬平安高等學校」。一九二五年七月，花蓮能高團棒球隊赴日交流比賽，陣中四位原住民選手被花蓮西本願寺住持武田善俊所激賞，安排他們到平安中學校就讀，這四名選手是阿仙（稻田照夫）、羅沙威（伊藤正雄）、羅道厚（伊藤次郎）與紀薩（西村嘉造）。此外，根據山本英一郎的口述，在學校戰前也會到台灣東部原住民部落尋找有運動潛力的原住民，讓他們到學校就讀，獲得一九九四年日本職棒打擊王的岡村俊昭（戰後中文名葉天送）也是平安中學校的校友。

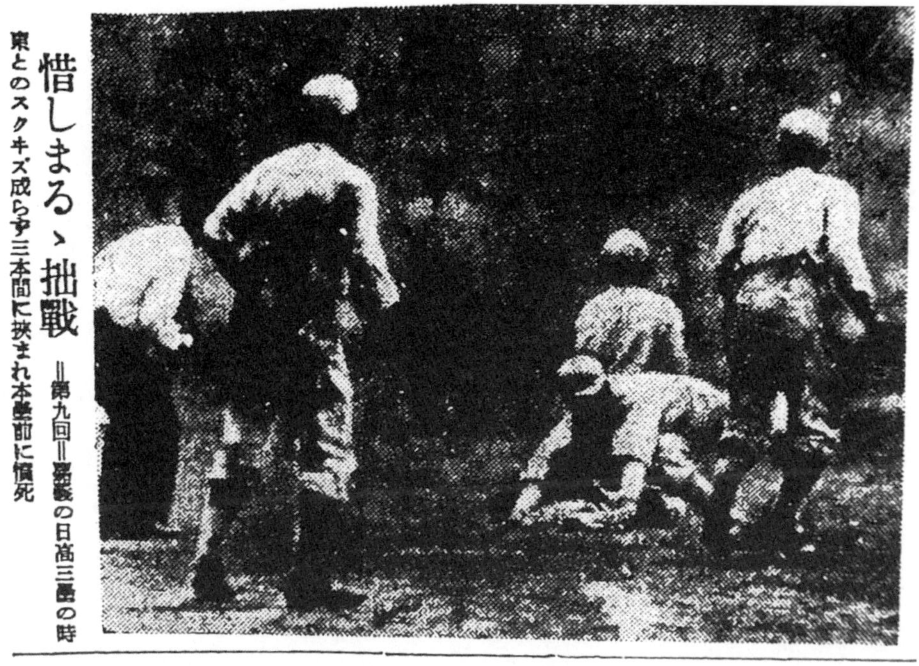

對松山商業一戰，九局下強迫取分失敗。《東京朝日新聞》，一九三五年八月二十日。

下一場在八月十九日將對上近藤教練的母校，也是傳統強隊的松山商業，這場成爲甲子園的經典賽事之一。首局藍德和發生不穩，一棒龜井擊出安打後，嘉農發生失誤，形成無人出局一、二壘有人的情況，三棒尹賀上短打至投手前，藍德和傳三壘時發生暴傳，松山商首局得到二分。二局下，嘉農也開始反攻，兒玉玄四壞保送後，靠短打與投手中山暴投後上三壘，在衫田健成功執行強迫取分的戰術下，嘉農得到第一分。

四局下，五棒高木光夫獲得保送，並盜上二壘，日高打擊時，投手暴投讓高木回壘將比數追平。五局下木村靖與吳昌征都靠松山商失誤上壘，今久留主淳強迫取分成功，讓木村與吳昌征接連奔回本壘得分，嘉農開始取得領先至第七局。但八局上隊友發生兩次失誤被追平，九局下嘉農一出局三壘上有跑者日高，原本是得分大好機會，剛好是投手藍德明打擊，由於對手也猜測嘉農可能強迫取分，因此縮小守備範圍，松山商投手也多次牽制三壘跑者，近藤教練依舊下達強迫取分戰術，第一球松山商投手投出外角高球，藍德明即使跳起試圖碰到球，但終究沒能碰到球，日高被夾殺在三壘與本壘間，錯失得分機會。

到了延長的第十局，嘉農三壘手高木守備失誤，在兩人出局一、三壘有人的情形下，藍德明想牽制一壘，但是才做出牽制動作的藍德明發現一壘手不在壘包上，因此投手犯規奉送一分，落後一分的嘉農無法在最後半局得分而輸了比賽。此役結束了嘉農的第三次甲子園之旅，而擊敗嘉農的松山商業則獲得此屆的冠軍榮耀。儘管落敗，但能給松山商業如此的壓力，嘉農贏得了讚賞。

賽後近藤教練的強迫取分戰術引起了媒體的批判，由於嘉農前面得分大多是靠強迫取分，因此對手已經有所防備，當然近藤教練或許會想前面強迫取分戰術都成功，如果這次成功就能以五比四獲勝。所以近藤教練不改其戰術，但最後無法如近藤教練的預期，所以藍德明也成了悲劇英雄。

下勾怪投藍德明

嘉農的投手似乎總能創造話題。吳明捷在一九三一年時引起場邊球迷的注意，一九三五年藍德明低肩側投的姿勢在當時非常新鮮，也引起媒體的注意。飛田稱東公文所投出的球爲「怪球」。《朝日新聞》一九三六年八月十五日，五版內刊登漫畫，內容是東公文的球路連番戲弄了小倉工業的打者。東公文的怪球讓打者以爲是內飄上升球，可是實際上卻是如雨般快速下墜。藍德明追隨他哥哥藍德和（東和一）的腳步報考嘉農，與捕手位置的哥哥不同，他成爲投手而且採用當時還未見過的低肩側投方式[4]，在台灣比賽時就已經展現出色的投球能力，到甲子園後，也讓日本棒球界與觀衆體會藍德明的投球威力。對松山商業九局的好投，卻在十局上敗給投手犯規，飛田穗洲對藍德明的表現感到十分惋惜：「這場精彩比賽，卻因東投手的投手犯規而以悲慘的結束完結。我們都不禁爲他感到可惜。但天意若是如此，就必須安慰嘉義隊，但是怪投東投手的奮戰，喜愛這支球隊展現出的雄心的觀衆，以同情的眼淚目送球員的背影。」可以想見藍德明是多麼的被視爲悲劇英雄了。一九八八年七月二日《朝日新聞》刊出對藍德明的訪問，記者仍對當時最關鍵的那一球感到興趣，不過或許事過境遷，藍德明只輕描淡寫的表示「那是傳說中的故事」。

簡永昌在《中華棒球史記》中提到藍德明最大的武器是利用中指力量配合其他手指的支助力，扶持球使由中指力量支配球而已，所以從下勾的球，飄上、滑下，左右的變化皆由他的中指力道控制。簡永昌並仔細端詳藍德明的手指，發現中指比食指長二公分，不論是先天或是後天練出，手指是與一般人有異。

一九一六年三月十日出生的藍德明畢業後並沒有加入日本職棒，選擇到台東廳

4 藍德明戰後接受鈴木明的訪問，他說會採用下勾投法是因爲他爲了保護父母所捕到的魚不被海鳥叼走，因此以石頭擲向海鳥，他發現「由下往上投」命中率最高，他的下勾投法是這樣產生的。

擔任農業技術指導工作，同時加入台東廳棒球隊，他加入後也幫助球隊在一九四〇與四一兩年贏得台灣都市棒球對抗賽冠軍。戰後則是「台炭隊」選手，晚年擔任台北體院棒球隊投手教練，一九九一年因病去世。

一九八〇年八月，藍德明被「高校野球連盟」邀請到場觀看甲子園準決賽與決賽三場比賽，十八日與夫人到達成田機場後隨即表示能夠再度到甲子園球場非常開心。而老隊友吳昌征與接他怪球路的捕手河野博到場接機。藍德明能在四十四年後接受日本的邀約再度踏上甲子園球場，可以想見當時藍德明的怪投是多麼受人矚目。

最後一次的甲子園

一九三六年七月二十四日，同樣在圓山球場舉行開幕儀式。嘉農與台北一中為首場比賽，嘉農先攻一局上就得四分，台北一中一局下也馬上得三分，之後台北一中都沒能再得分，球賽到第七局下起大雨，在吳昌征獲得保送後，雨勢變大，經過三十分鐘的停賽後，最後由主審永田裁定嘉農以六比三獲勝，取得決賽資格。

藍德明在決賽依舊犀利，只被擊出二支安打，三振台南一中十位打者，讓台南一中終場掛零，嘉農也順利四度取得前往夏季甲子園參賽資格。八月十四日，對手小倉工業已經是老對手了，藍德明依舊表現優異，只被擊出六支安打，嘉農全場只擊出三支安打是對手的一半，但是靠著快腿盜壘戰術與對手五次失誤，以四比三辛苦獲勝。接著八月十六日對上育英商業，嘉農雖然在第二局拿下五分，但之後都沒能得分。但是藍德明從第五局開始也發生不穩，五局連續兩支安打二保送失兩分，六局加上嘉農三次失誤，讓育英追平比數，七局酒澤與佐藤兩支二壘安打拿下超前的兩分，八、九局換上兒玉玄救援，止住了育英的攻擊，育英投手佐藤在二局後逐漸穩定下來，沒讓嘉農繼續得分，七局後被超前後，嘉農選手焦急開始追打壞球，九局下，在兒玉玄中外野飛球、吳昌征一壘滾地球與藍德明二壘滾地球的情況下，以兩分落敗，成了嘉農在甲子園最後的比賽。

但是嘉農的奮戰精神一如既往是大會的寵兒，人氣的隊伍。隔年一九三七年三月吳昌征、楊吉川與兒玉等四位主力選手畢業，以及一九三六年三月畢業的今久留主、高木與日高，嘉農主力選

全国高等学校野球選手権大会

第1～29回までは、全国中等学校

回	年度	決勝戦	回	年度	決勝
1	1915年	京都二中 2−1 秋田中	49	1967年	習志野 7−1
2	1916年	慶応普通 6−2 市岡中	50	1968年	興国 1−0
3	1917年	愛知一中 1−0 関西学院中	51	1969年	松山商 4−2
4	1918年	米騒動のため本大会中止	52	1970年	東海大相模 10−6
5	1919年	神戸一中 7−4 長野師範	53	1971年	桐蔭学園 1−0
6	1920年	関西学院中 17−0 慶応普通	54	1972年	津久見 3−1
7	1921年	和歌山中 16−4 京都一商	55	1973年	広島商 3−2
8	1922年	和歌山中 8−4 神戸商	56	1974年	銚子商 7−0
9	1923年	甲陽中 5−2 和歌山中	57	1975年	習志野 5−4
10	1924年	広島商 3−0 松本商	58	1976年	桜美林 4−3
11	1925年	高松商 5−3 早稲田実	59	1977年	東洋大姫路 4−1
12	1926年	静岡中 2−1 大連商	60	1978年	PL学園 3−2
13	1927年	高松商 5−1 広陵中	61	1979年	箕島 4−3
14	1928年	松本商 3−1 平安中	62	1980年	横浜 6−4
15	1929年	広島商 3−0 海草中	63	1981年	報徳学園 2−0
16	1930年	広島商 8−2 諏訪蚕糸	64	1982年	池田 12−2
17	1931年	中京商 4−0 嘉義農林	65	1983年	PL学園 3−0
18	1932年	中京商 4−3 松山商	66	1984年	取手二 8−4
19	1933年	中京商 2−1 平安中	67	1985年	PL学園 4−3
20	1934年	呉港中 2−0 熊本工	68	1986年	天理 3−2
21	1935年	松山商 6−1 育英商	69	1987年	PL学園 5−2
22	1936年	岐阜商 9−1 平安中	70	1988年	広島商 1−0
23	1937年	中京商 3−1 熊本工	71	1989年	[illegible]

歷屆甲子園大賽決賽。筆者攝於野球殿堂博物館，二〇一三年九月二十一日。

手幾乎都畢業了，之後，嘉農在台灣舉行的資格賽都無法奪冠，所以也就無法前往甲子園比賽。一九四一年以後因為戰事擴大因素，甲子園不論春季或是夏季都中止比賽了，直到一九四六年恢復比賽[5]。

總結嘉農五次進軍甲子園的歷史紀錄，我們會發現誠如近藤教練的分析，嘉農是支強於攻擊與速度的球隊，或許細膩部分就不如日本內地球隊。在回顧嘉農參加甲子園比賽一定會提到這是由原住民、漢人與日本人三民族共同組成一支球隊，與台北一中、台北商業等學校由日本人組成不同。蘇正生接受謝仕淵訪問時表示這個說法是由日本甲子園傳來，嘉農隊上球員並不會分台灣人、日本人，打球就是要贏，球員是誰都一樣。球隊打球時是以日語溝通，但各族群的球員還是會用自己的母語溝通。與日本傳統球隊一樣，嘉農有非常嚴格的前輩後輩關係，教練近藤是要幫學校贏球，並不分族群，但近藤教練選擇第一棒時似乎有選原住民選手的傾向。

雖然球隊自身不會區分選手的族群，但是就觀眾的觀點，特別是日本的觀眾還是會對原住民族好奇，認為嘉農三民族的組成還是非常新鮮，特別是一九三一年八月的甲子園大賽是在霧社事件（一九三〇年十月）發生尚未滿一年，原住民族選手在日本比賽，身分還是很特別。即使台灣官方立場的《台灣日日新報》，也會特別提起原住民族的選手。

5 一九四二年文部省（類似台灣的教育部）曾以「加強國民精神」為由，主辦了一九四二年的夏季甲子園大賽，被稱為「幻の甲子園」，該屆冠軍隊伍為德島商業。

近藤監督與嘉農日常的球隊練習

成功改造嘉農的教練近藤兵太郎（一八八八至一九六六），明治二十一年（一八八八）出生於愛媛縣松山市萱町，一九〇三年就讀愛媛縣立商業學校（一九〇六年改爲松山商業學校），學校剛成立野球部時就加入球隊，當時聘請的教練就是以「武士道精神野球」著稱一高畢業的杉浦忠雄，他深深影響了近藤的棒球觀念。近藤除了內外野皆可守備外，一九〇五年也擔任球隊隊長，一九一七年擔任母校松山商業學校棒球隊教練，所定下的目標是「第一年打敗松山中學，第二年稱霸四國地區，第三年贏得全日本冠軍。」近藤的確完成第一目標，在一九一八年十月縣野球大會贏了松山中學。翌年一九一九年近藤就來到台灣，先擔任嘉義廳嘉義第一公學校（嘉義市崇文國小前身）的代課老師。隔年轉至台南州嘉義簡易商公學校擔任老師，直到一九四〇年轉至嘉農擔任書記[6]。爲了實現他帶領松山商業稱霸日本的諾言，一九一九年至一九二五年每年夏天，近藤忍受暈船之苦，搭船回到松山商業帶領球隊在一九一九到一九二四年連續六年在四國地區稱霸，被稱讚爲「鐵人教練」。一九二五年更拿到春季甲子園大賽冠軍，一九二五年松山商業未能取得四國地區夏季甲子園參賽權，近藤因而辭掉教練工作。

6 查詢《台灣總督府職員錄》大正九年（一九二〇）至昭和十七年（一九四二），近藤專職最久的學校是嘉義簡易商工學校，後來數次易名，嘉義商工補習學校、嘉義商工專修學校，職務則是教諭（正式老師）或是助教諭（屬於學校職員）。

一九二八年近藤教練擔任嘉農教練，著手改造嘉農棒球隊，首先從球員的選擇開始，近藤教練選了多位原住民選手。根據對藍德和的長男藍光秀的訪問，近藤教練在未當嘉農教練之前已經在台東尋找原住民棒球選手，藍德和就是被推薦進入嘉農就讀。另外也在校園內尋找適合打棒球的人才。近藤看到吳明捷、蘇正生與劉蒼麟練網球時所展現的「強肩」是棒球選手所需，因此將他們三人從網球隊挖到棒球隊裡面來。

嘉農沒有自己可以練球的專屬場地，選擇嘉義公園球場練習。嘉義農林學校平常下午一點到三點半需要到田裡實習，實習結束後則展開練球。星期六、日從下午一點開始，練到天色變暗，夏季太陽晚下山練到晚上八點的情形也常常發生。若是雨天則會讓球員在教室集合，向球員說明規則、戰術與技術各方面知識。

嘉農能在成軍後迅速的有好成績，近藤兵太郎教練居功厥偉，蘇正生受訪時提到：「**他在練球的時候，看到這個人操練到可以才說好，他也不跟你說，缺點的話他會說，他會說規則、說打球的方法，他都會問我們問題，不是聽聽就算了，他會問你，他會問你看看他說的有沒有聽進去。要是他教你的方式你不遵守，他就會罵人，他也會打人，如果練習時候要跑不跑的，他就會打巴掌。**」

吳昌征在也分享了近藤教練的小故事，有一次教練被毒蟲咬傷住院，大家正想練習應該可以比較輕鬆時，卻發現近藤教練用擔架到了球場，人就在擔架上教導大家打球，到退院時每天都用擔架來到球場，選手很驚訝但也很感動。棒球國手洪太山也說到：「近藤的訓練是照規矩來，動作一定要標準。」

除了球場上嚴厲的訓練外，蘇正生也提到近藤教練「會放眼線」，看看球員球場外有沒有做違法的事情，例如喝酒、抽菸這類的事情，近藤還認爲看電影會影響視力，會讓人著迷，會降低選手的集中力，不希望球員看電影。近藤教練儘管在球場上如此嚴厲，甚至有球員被操到退出（例如五〇年代國家代表隊中心打者的林煥洲），但私底下，近藤十分親切與在球場上的感覺完全不同。

一九四一年以後，甲子園大賽取消，整體棒球環境之因素，導致近藤辭掉嘉農教練工作，之後取得專賣局販賣火柴頭的專利權，至虎尾做生意。日本戰敗後，一九四六年回到故鄉松山市，擔任新田高校與愛媛大學棒球隊教練，一九六六年五月十九日過世，享年七十七歲，而他的教練生涯將近五十一年。

近藤過世後，嘉農選手仍舊記得六十年前的師生情誼，在一九九八年八月四日，蘇正生及其他選手與校友來到松山市千秋寺近藤教練的墓前祭拜，並拜訪近藤二女兒與近藤母校松山商業學校。蘇正生訪問近藤教練家中時發現有一個寫有「正球」的棒球，是訓練用的棒球，讓蘇正生勾起了往日的回憶。

近藤不僅只是調教出嘉農出色的隊伍，他在松山時代剛當教練時，也培養出優秀的松山商業選手，子弟兵中森茂雄、藤本定義都是他的傑出弟子。根據蘇正生的回憶，近藤在技術面強調：在防守時，近藤最重視野手的判斷能力，在球被擊出後不論是高飛或是滾地球，只要擊出零點六至一公尺的距離，野手就必須知道球的落點方向，迅速移動處理球，這才是一位好野手的條件。打擊部分，近藤強調選球的重要與確實擊中球心。反覆練習推打技巧將外角球順應球的來勢，推打至內野與外野之間形成安打。此外，近藤教練會徹底了解選手弱點，會讓選手練習到將缺點矯正過來爲止，是所謂的斯巴達嚴厲的訓練方式。

嘉農與嘉農選手成名後

嘉農在甲子園一戰成名後，嘉農儼然成爲嘉義市的「地標」，多位來台的日本名人到嘉義也會特別提到嘉農。日本戰前著名的文學評論與翻譯家新居格來台進行文藝巡迴演講，接待的記者帶他到嘉義觀光，經過嘉義農林學校，新居格也自然說出：「我也是嘉農的球迷，喜歡球風有野武士剽悍，敏捷的風格。」此外，觀光的介紹書或雜誌也會介紹嘉義農林學校，《新高阿里山》雜誌內〈白天的嘉義應該去哪裡參觀？〉就提到在甲子園大放異彩的嘉義農林學校在嘉義公園入口右側，因爲嘉農之故，讓嘉義成了全日本的人氣都市之一。

嘉農是第一支贏得台灣全島中學野球大會冠軍的非台北隊伍，自從取得代表權後，嘉農一舉一動就受到矚目。包括球隊的移動、球員幾點出發、何時到達都會有詳細精準的報導。挺進決賽後，參訪行程或是任何校際對抗賽都是報導對象。不僅在嘉義當地成爲矚目的對象，《台灣日日新報》也會報導嘉農選手的消息，例如一九三六年二月二十日《台灣日日新報》報導中外野手木村即將到東京農業大學就讀，捕手今久留淳到台南州廳，二壘手日高至鹽水製糖，三壘手高木則到高雄州廳工作，嘉農選手已經成爲矚目的對象。

嘉農選手加入職棒除了吳昌征之外，早吳昌征一年畢業的隊友今久留主淳

（一九一八年十一月五日至一九八六年二月十五日），經過業餘球隊的歷練後才在一九五〇年與弟弟今久留主功（一九二五年七月二十五日至二〇〇五年五月十日）同時加入每日獵戶星隊，與吳昌征再度當隊友。但八月就轉到西鐵隊，一九五六年退役，職棒生涯並無出色的成績。

吳新亨是另一位戰前加入日職的嘉農選手，一九四三年加入大和軍，隔年因球團解散，轉隊至巨人隊，此時吳昌征轉隊至阪神，剛好同是外野手的吳新亨補上了外野的空缺。曾與吳昌征並列一九四四年的盜壘王，吳新亨二十一次嘗試盜壘，十九次成功，成功率高達零點九〇五，吳昌征二十四次嘗試盜壘，十九次成功，成功率零點七九二。戰爭結束後，上戰場的巨人隊主力選手紛紛回到球隊上，吳新亨漸漸的無法獲得先發位置。一九四八年以後改爲日本名萩原寛，一九五二年退役，之後擔任中央聯盟裁判，長達二十五年，一九九六年六月二十五日去世。

棒球圈中與嘉農選手相連結的例子其實不少，除了前述劉滄臨與劉秋農外，郭光也的外甥郭源治，楊吉川的兒子楊英二是職棒聯盟的裁判，羅保農的外甥羅松永曾是興農的外野手，棒球的連結在戰後依舊持續著。

嘉農相關資料

表1-2-4　嘉農一九三一至一九三六年先發陣容

一九三一	一九三二（此年的陣容並不固定）
一棒　羅保農（平野保郎，左外野手）	一棒　羅保農（平野保郎，左外野手）
二棒　蘇正生（中外野手）	二棒　楊吉川（吉川武揚，游擊手）
三棒　陳耕元（上松耕一，游擊手）	三棒　小里初雄（二壘手或三壘手）
四棒　吳明捷（投手）	四棒　東和一（捕手）
五棒　藍德和（東和一，捕手）	五棒　劉蒼麟（投手）
六棒　拓弘山（眞山卯一，三壘手）	六棒　丁光輝（一壘手）
七棒　小里初雄（一壘手）	七棒　吳昌征（右外野手）
八棒　川原信男（二壘手）	八棒　今久留主淳（二壘手）
九棒　福島又男（右外野手）	九棒　崎山敏雄（中外野手）
一九三三	**一九三四**
一棒　楊吉川（吉川武揚，游擊手）	一棒　吉川武揚（游擊手）
二棒　今久留主淳（二壘手）	二棒　今久留主淳（捕手）
三棒　福島又男（左外野手）	三棒　兒玉玄（右外野手）
四棒　羅保農（平野保郎，投手）	四棒　吳昌征（吳波，投手）
五棒　吳昌征（吳波，中外野手）	五棒　杉田健（左外野手）
六棒　崎山敏雄（右外野手）	六棒　木村靖（中外野手）
七棒　川原信男（捕手）	七棒　日高岩男（二壘手）
八棒　杉田健（一壘手）	八棒　草野武彥（一壘手）
九棒　高木光夫（三壘手）	九棒　高木光夫（三壘手）
一九三五春	**一九三五夏**
一棒　楊吉川（吉川武揚，游擊手）	一棒　楊吉川（吉川武揚，游擊手）
二棒　吳昌征（吳波，投手）	二棒　吳昌征（吳波，左外野手）
三棒　今久留主淳（捕手）	三棒　今久留主淳（捕手）
四棒　兒玉玄（右外野手）	四棒　兒玉玄（右外野手）
五棒　日高岩南（二壘手）	五棒　高木光夫（三壘手）
六棒　高木光夫（三壘手）	六棒　日高岩南（二壘手）

七棒　杉田健（左外野手） 八棒　草野武彥（一壘手） 九棒　木村靖（中外野手）	七棒　杉田健（一壘手） 八棒　藍德明（東公文，投手） 九棒　木村靖（中外野手）
一九三六	
一棒　楊吉川（吉川武揚，游擊手） 二棒　脇黑丸二男（二壘手） 三棒　兒玉玄（右外野手） 四棒　吳昌征（吳波，中外野手） 五棒　東公文（藍德明，投手） 六棒　盛福彥（一壘手） 七棒　河野博（捕手） 八棒　奧田元（三壘手） 九棒　楊元雄（左外野手）	

表1-2-5 嘉農的台灣甲子園資格賽成績

時間	隊戰	安打	三振	保送	盜累	失誤	資料來源
一九三一年 七月十九日 PM0:32~2:04	台中一中0000000｜0 嘉農331071×｜15 【七局提前結束，吳明捷與陳耕元（上松耕一）聯手投出無安打無失分比賽】	〇 十	四 〇	八 七	〇 五	十二 一	《台灣野球史》，頁四二一
一九三一年 七月二十一日 PM3:00~	台中二中000312031｜10 嘉農12011714×｜17	五 十四	六 一	二 七	四 六	八 九	《台灣野球史》，頁四二五
一九三一年 七月二十二日 PM3:00~	台南一中200001000｜3 嘉農03130304×｜14	四 六	九 三	三 十	一 六	十三 六	《台灣野球史》，頁四二四
一九三一年 七月二十三日 PM1:00~	嘉農1230110102｜11 台北商0004200031｜10	十七 十	五 五	八 八	八 九	六 九	《台灣野球史》，頁四二六、四二七
一九三三年 七月二十一日	嘉義農林000000050｜5 台北一中100011000｜3	九 十	四 二	三 四	一 一	三 三	《台灣日日新報》一九三三年七月二十二日，七版
一九三三年 七月二十三日	台南一中000000100｜1 嘉農10001304×｜9	七 十	〇 一	五 〇	七 三	二 八	《台灣日日新報》，一九三三年七月二十四日，七版
一九三四年 七月二十八日 PM2:20~4:26	台北商業000402000｜6 嘉農100001002｜4	九 九	七 一	五 五	三 〇	五 二	《台灣日日新報》，一九三四年七月二十九日，七版
一九三四年 七月三十日 PM1:40~3:17	台南一中000100000｜1 嘉農31102030×｜10	七 十	五 〇	二 五	一 五	七 二	《台灣日日新報》，一九三四年七月三十一日，七版
一九三五年 七月二十四日 PM1:37~3:30	嘉農421000000｜7 高雄中學000000000｜0	六 三	四 八	九 三	十一 六	一 三	《台灣日日新報》，一九三五年七月二十五日，十一版
一九三五年 七月二十六日	嘉農 003040000｜7 台北商業 000001300｜4	十 四	三 六	四 二	九 三	三 四	《台灣日日新報》，一九三五年七月二十七日，七版
一九三六年 七月二十四日 PM1:39~3:23	嘉農 401010｜6 台北一中 300000｜3	三 五	〇 二	五 三	一 〇	〇 三	《台灣日日新報》，一九三六年七月有二十五日，七版
一九三六年 七月二十八日 PM1:24~3:05	嘉農30000120×｜6 台南一中000000000｜0	十一 二	三 十	二 三	三 〇	〇 三	《台灣日日新報》，一九三六年七月二十九日，七版

表1-2-5　嘉農的甲子園大賽戰績

時間	隊戰	安打	三振	保送	盜累	失誤	資料來源
一九三一年 八月十五日 PM3:07~5:09	嘉農000000210｜3 神奈川000000000｜0	五 一	一 八	五 四	二 〇	二 四	《讀賣新聞》，一九三一年八月十六日，六版
一九三一年 八月十八日 PM3:30	札幌商業300010300｜7 嘉農43000426×｜19	十 二十	八 五	七 七	三 八	七 二	《昭和七年運動年鑑》，頁八十
一九三一年 八月二十日 PM1:10~3:32	小倉工業000000020｜2 嘉農21000025×｜10	八 九	三 二	二 八	一 三	六 一	《讀賣新聞》，一九三一年八月二十一日，八版
一九三一年 八月二十一日 PM2:05~4:09	嘉農000000000｜0 中京商業00220000×｜4	六 十一	九 〇	一 八	〇 三	二 三	《讀賣新聞》，一九三一年八月二十二日，八版
一九三三年 八月十六日 PM0:03~2:15	嘉農000001000｜1 松山（中）40311100×｜10	四 十三	三 五	五 三	〇 三	三 三	《台灣日日新報》，一九三三年八月十七日，七版
一九三五年 三月三十一日 PM0:39~3:20	浦和100009200｜12 嘉農002001103｜7	九 五	四 六	十 二十一	四 〇	二 三	《讀賣新聞》，一九三五年四月一日，五版
一九三五年 八月十六日 PM2:37~4:27	平安000000001｜1 嘉農02000020×｜4	四 八	二 一	二 二	一 三	一 一	《讀賣新聞》，一九三五年八月十七日，四版
一九三五年 八月十九日 AM9:00~11:38	松山（商）200000201｜5 嘉農010120000｜4	八 二	五 五	二 四	三 三	二 五	《讀賣新聞》，一九三五年八月二十日，夕二版
一九三六年 八月十四日 AM9:11~11:00	小倉工業000100020｜3 嘉農01002100×｜4	六 三	二 五	二 六	〇 六	五 二	《讀賣新聞》，一九三六年八月十五日，夕二版
一九三六年 八月十六日 PM3:00~5:25	育英 000023200｜7 嘉農 050000000｜5	七 六	八 四	五 七	〇 二	一 六	《讀賣新聞》，一九三六年八月十七日，三版

甲子園球場

成爲現在日本高中棒球聖地的甲子園球場，是大正十二年（一九二三）由阪神電鐵將鳴尾球場大規模改建而成的球場。由於鳴尾球場容納觀眾數量有限，一九二三年比賽因觀眾「溢出」而中斷，因此阪神電鐵產生了興建大球場的構想。在此前一年，阪神電鐵購買了武庫川改建工事的廢川地，成了甲子園球場土地的來源。一九二三年十一月成立甲子園建設委員會，一九二四年八月竣工。一九二四年爲甲子年，故名爲甲子園球場。阪神電鐵將球場設計爲可容納六萬人的大球場，考慮到「中等學校野球優勝大會」比賽在炎熱的八月舉行，因此架設了大鐵傘，不論容納觀眾人數與設備都是最好的球場。剛完工時只有內野有座席，外野還是草地，一九二九與一九三六年兩次擴充，到了一九三六年增建外野座席，成了目前我們所見甲子園球場大致的樣貌。

阪神電鐵當初設計是將球場設計爲多用途的運動場，包括橄欖球、田徑比賽皆可在此舉行，因此在球場附近興建網球場、南運動場、浜甲子園游泳池等多項運動設施。阪神電鐵接著興建園地住宅與旅館，因此，可以說甲子園球場是阪神電鐵作爲私人鐵路企業鐵路沿線多角度經營的一環。

吉田正男

吉田正男（一九一四年月十四日至一九九六年五月二十三日），如前文所述，筆者認爲吉田是讓嘉農無法得到甲子園冠軍的最大因素，這位外號「大車輪」的傳奇投手出生於愛知縣一宮市，從昭和六年（一九三一）起連續三年爲中京商創下夏季甲子園三連霸，日後卻沒加入日本職棒，他的事蹟也成了高校甲子園或是日本棒球史的話題，特別是昭和八年（一九三三）八月十九日，夏季甲子園準決賽中，中京商業與明石中學的對決，這場打了二十五局才分出勝負的經典賽事，吉田一人完投二十五局，用了三百三十六球，八十個打席被擊出八支安打，投出十九次三振，以一比〇完封勝。更驚人的是隔日決賽也由吉田完投九局，只被擊出二支安打，以二比一擊敗平安中學。

吉田正男入選野球殿堂。筆者攝於野球殿堂，二〇一三年九月二十一日。

從昭和六年到八年，吉田在春夏甲子園大賽戰績爲二十三勝三敗，三敗皆來自春季甲子園比賽，十四勝來自夏季甲子園，在夏季甲子園中從未敗投，且是甲子園史上到目前爲止最多勝投與最多三振的投手，中京商畢業後進入明治大學就讀，在大學聯賽中取得十二勝五敗的成績，一九三九年大學畢業後進入藤倉電線公司工作，替公司拿下二連霸，一九六四年之後爲中日新聞社專屬野球評論，在平成四年（一九九二）獲選進入野球殿堂，一九九六年五月二十三日因胃癌去世，享年八十二歲。目前在youtube上可看到吉田選手珍貴的宣示畫面（http://www.youtube.com/watch?v=G6On5Txv9dA）。

日治時期台灣與奧運

我們很清楚，比起任何條約或外交協定，電報、鐵路、電話、熱切的科學研究，以及種種會議和展覽，替我們帶來和平。不過，我希望體育運動能更有貢獻……讓我們將賽跑和擊劍選手介紹給其他的國家，這是將來的自由貿易；當他們被介紹到老歐洲的城垣中，和平的理想將再次被人接受，影響更爲深遠[1]。

一八九二年十一月二十五日演講稿　古柏坦

1 麥可·李維琳史密斯著，吳俊宏譯，《奧運·雅典·1896：現代奧林匹克運動會的誕生》（台北：麥田出版社，二〇〇四），頁一〇〇—一〇一，一〇五。

現代奧運的誕生

中斷一五〇三年的奧運會，在法國男爵古伯坦（Pierre de Coubertin）的奔走下，一八九六年四月六日在希臘雅典古代競技場復活了，在此舉行爲期兩個星期的奧林匹克運動會，成爲現代奧運會的歷史源頭。一八九二年十一月在巴黎一次紀念「法國體育運動聯盟」成立五週年的會議上，古柏坦首次提到了奧運復興的構想。他認爲體育活動包含國際化與民主化兩種當代特質，由於觀念過於新潮，這樣的概念在當時並沒有馬上引起共鳴。古柏坦當然不灰心，並且不只在法國，他更將此概念推向世界各國，包括美國、英國，並且善用他貴族出身的人際網絡，包含曾任駐柏林大使與參議員的古瑟爾男爵（Baron de Courcel）、比利時國王、瑞典王儲、俄國沃迪米爾大公（Wladimir）、希臘王儲康士坦丁與英國大使巴爾弗（A.J.Balfour）等人都是他推廣現代奧運的人選。

在古柏坦的努力奔走下，一八九四年六月十六日在巴黎索邦大學（University of Paris-Sorbonne）舉行的巴黎會議共有來自四十九個國家七十八名代表出席討論奧運復興的可行性。古坦伯並提出第一屆現代奧運應該在巴黎舉行，這樣才能配合一九〇〇年的巴黎世界博覽會。古柏坦的構想得到了與會者的認同，一個星期後六月二十三日國際奧林匹克委員會（International Olympic Committee，簡稱國際奧會I.O.C.）成立了，並在二十七日舉行第一屆大會，確定國際奧會是一個依據國際法所組織的獨立團體，具有法律地位與永久繼承權，非營利事業之團體，主要任務爲管理並促進現代奧運的發展。古柏坦的理想終於得到實現，並且強調除了競賽之外，並重視各國運動員之間的友誼，藉此發展奧運會的崇高理想。

第一屆的現代奧運會在尊重奧運發源地的情形下，一八九六年四月六至十五日在雅典舉行。由於邀請函發出較晚以及當時對奧運會不甚了解的情況下，現代首屆奧運會只有十三國四百八十五名選手參加，在希臘國王喬治一世宣布「我在此宣布第一次近代奧運會開始」，禮炮與鴿子振翅飛翔在體育場上空，演唱由希臘音樂家斯皮羅斯．薩馬拉斯（Spyros Samaras）作曲，科斯蒂斯．薩馬拉斯（Kostas Pamaras）作詞的《奧林匹克頌》，並有五萬多名現場觀衆的參與下開啓了現代最盛大運動賽會的嚆矢。古柏坦後來在回憶錄中提到：「從技術上講，首屆奧運沒有驚人之處，沒有打破任何紀錄，也沒有超過預期成績。它的最大收穫，它的全新之處，存在於不同類體育項目合作這一事實之中。這是非常了不起的，體育的整個未來都由此而產生。」

奧運會現在成爲運動選手心目中的最高的體育殿堂，除了成績上的競賽，運動精神更被大會所強調。但是回顧二十世紀初現代奧運剛恢復舉辦的時期，如古柏坦所說體育精神還只是下意識的存在於運動選手中，社會上與主辦單位也對此概念很模糊，因此儘管奧運會恢復了，需要克服的困難還是很多，反對繼續舉辦的聲浪一直存在。第二屆奧運在巴黎舉行，因配合巴黎博覽會，因此奧運會期長達四個月，這次悲慘的教訓讓古柏坦認爲奧運會絕對要具有獨立性，不能附屬於大規模的市場集會（指巴黎博覽會）。但迫於經費問題，一九〇四與一九〇八年，第三、四屆奧運依舊與博覽會合作（更精確的說應該是附屬於博覽會），直到一九一二年在瑞典首都斯德哥爾摩舉行的第五屆奧運慢慢具有獨立的地位，同時也修正了之前比賽的缺失。

古柏坦對奧運還有一個特殊的構想，就是希望通過藝術使體育更具美感，所以他在一九〇六年曾經邀請多位藝術家來討論，因此向國際奧會提出建議，希望能創立建築、雕塑、音樂、繪畫與文學五項藝術類的比賽。這項建議後來也成真，一九二四年巴黎奧運會首次加入藝術類的比賽。

古柏坦希望藉由奧運會爲人類帶來和平與歡樂，但是一九一六年的奧運因第一次世界大戰而停辦，之後一九四〇與一九四四年的奧運也同樣因戰爭因素而停辦，奧運會雖極力避開政治因素，但是包括戰後幾次具有爭議的例如慕尼黑奧運、蒙特婁奧運、莫斯科奧運與洛杉磯奧運等都無法擺脫政治的影響。

日本受邀參加奧運

日本受邀參加奧運，與發生於一九〇五年的日俄戰爭有密切關係，因爲戰勝俄國，所以日本在世界上受到西方的矚目。一九〇五年十一月，日本曾受邀參加一九〇六年在雅典舉行的奧運會復興十週年特別運動會，之後此運動會取消，日本參加奧運的時間只能往後延遲。明治四十二年（一九〇九）春，法國駐日大使奧古斯都・熱拉爾（Auguste Gerard）向當時東京高等師範學校（筑波大學前身）校長嘉納治五郎詢問是否參加一九一二年在斯德哥爾摩舉行的第五屆奧運會，日本體育界覺得需要參與國外體育賽事，因此體育界也動了起來，一九一一年七月十日成立了「大日本體育協會」（日本體育協會前身），這是做爲參加隔年的斯德哥爾摩奧運的準備，同時也爲了振興日本的體育發展，「日本柔道之父」加納治五郎本身早在一九〇九年就被選爲奧林匹克委員會委員，成爲日本參加奧運的最重要推手。

一九一一年十一月在東京羽田運動場舉辦了日本史上首次奧運會選手選拔運動會，奧運會選拔賽的消息傳出後，得到全國熱烈的迴響。日本順利的參加一九一二年在瑞典首都斯德哥爾摩舉行的第五屆奧運，此時奧運會規模擴大到二十八國三千二百八十二名選手參加。首屆參賽，由加納治五郎擔任團長，日本只派出二名學生選手參賽，分別是馬拉松選手金栗四三（一八九一至一九八三，東京高等師範學校）、與參加一百、二百、四百公尺三項的三島彌彥（一八八六至一九五四，東京帝大），加上團員大森兵藏，共四人參加。之後，日本國聯官員曾向古柏坦提到：「人們無法想像奧運會的恢復使我的國家發生了何種程度的變化。我國自從參加奧運會以來，我國青年的精神面貌煥然一新。」

一九一二年除了是日本首次參加奧運年之外，一九一二年七月三十日明治天皇去世，日本進入大正天皇時期，隨著全國市町村自治組織的改變，體育設施也隨著採取類似的制度，讓體育活動能深入日本各地區，因此體育活動在大正時期有了飛躍的發展。

奧運會既然是以國家爲單位的運動會，運動競技與國家的榮譽連結在一起的觀念也在一九二〇年代逐漸萌芽，日本第二次參加奧運就得牌，在一九二〇年第七屆比利時安特衛普奧運會上，由熊谷一彌（一八九〇至一九六八）的網球單打、熊谷一彌與柏尾誠一郎（一八九二至一九六二）網球雙打得到二面銀牌（一九一六年第六屆柏林奧運會因第一次世界大戰取消），鼓舞了日本體育界[2]。此後日本參加奧運皆能奪牌。一九二四年巴黎的第八屆奧運會由內藤克俊[3]（一八九五至一九六九）在角力項目爲日本拿下銅牌，日本體育界也愈來愈重視這項體育賽事。

一九二八年第九屆荷蘭阿姆斯特丹的奧運會上，日本終於在奧運會上得到金牌，分別是田徑選手織田幹雄（一九〇五至一九九八）與游泳選手鶴田義行（一九〇三至一九八六）。八月二日，織田幹雄在三級跳選項目以十五點二一公尺的成績成爲日本首位也是亞洲首位在奧運獲得金牌的選手，六天後，鶴田也在二百公尺蛙式項目以二分四十八秒八奪下日本首面游泳金牌。包含傳奇的日本女性運動員人見絹枝（一九〇七至一九三一）的八百公尺銀牌在內，此屆日本共得二金二銀一銅。在田徑與游泳項目上逐漸在國際體壇上嶄露頭角，一九二〇年代後期，日本田徑場上的成績逐漸與國際一流選手接近。日本國旗緩緩上升的鏡頭，更加強奧運會與國家榮譽連結。

---

2 在一九二四年巴黎奧運前一年，一九二三年九月一日，日本發生關東大地震，因此當時體育界曾考慮不參加巴黎奧運會，最後經過一番討論，認爲日本不能錯過能提升日本體育成績的奧運盛會，所以派了比前兩屆更多的選手參賽。

3 內藤克俊在母親過世後，一九一〇年代曾來台就讀台北一中（建國中學前身），一九二四年在奧運會奪牌後，曾於新高製糖株式會社工作。

（土曜日）　昭和七年二月六日

世界覇權を前に
織田、南部兩選手來臺
何を以つて彼らを迎へるか

織田幹雄與南部忠平奧運前來台擔任客座教練。《台灣日日新報》，一九三二年二月六日。

一九三二年第十屆洛杉磯奧運會，前一年由於九一八與一二八事件，中日兩國的緊張關係，日本也受到國際上的責難，日本體育界想利用此奧運會扭轉外界對日本的印象。加上日本體壇認爲田徑賽場上的實力逐漸增強，與日本住美的僑胞援助，因此派出一百三十一名選手參賽。洛杉磯奧運會在地方州政府與企業（特別是可口可樂）贊助下，是相當成功的一屆奧運會，一九三二年可容納十萬名觀眾的主場館在五十二年後，依舊是二十三屆一九八四年洛杉磯奧運會的主場館。

在美國辦奧運，當時交通並不便利，所以許多歐洲國家沒有參加，只有一千三百三十四名選手參加，不到上屆阿姆斯特丹奧運的一半。但是日本卻派出到一九三二年爲止有史以來最多的選手，共一百三十一名選手，六十九名相關人員，僅次於地主美國以及加拿大。包含了首位參加奧運會的台灣出身的選手張星賢，當時在日本殖民統治下，因此代表日本出賽。

這屆奧運會日本成績更加出色，共七金七銀四銅，南部忠平（一九〇四至一九九七）三級跳遠以十五點七二公尺破世界紀錄優異成績獲得金牌，跳遠項目也獲得銅牌。西田修平（一九一〇至一九九七）在撐竿跳項目拿下銀牌，大島謙吉（一九〇八至一九八五）在三級跳遠也拿下銅牌。日本在田徑賽場上的總成績僅次於美國、芬蘭、英國與德國，位居第五名。

田徑、游泳、馬術都奪得金牌，男子曲棍球也奪得銀牌，此時日本政府對奧運會的補助更勝以往，從洛杉磯奧運給予體育協會補助十萬元，昭和天皇也給予獎金一萬元。除了賽前的補助與支援，比賽歸國後舉行盛大選手歡迎會，到了十一屆柏林奧運會，補助金到達三十萬元。日本體育界對奧運會的熱潮在申辦一九四〇年第十二屆東京奧運時達到頂點。

一九三六年第十一屆柏林奧運會共有四十九國三千九百六十三名選手參加，上一屆的好成績使得日本對奪牌更有信心，派出一百七十九名選手，此屆共獲得六金四銀十銅，金銀牌都減少，銅牌增加六面，田島直人在三級跳遠項目以十六公尺破世界紀錄成績獲得金牌，使得日本在奧運三級跳遠項目中完成三連霸。此外，原田正夫也獲得銀牌，日本包辦金銀牌。來自殖民地朝鮮的孫基禎以二小時二十九分十九秒二得到馬拉松金牌，銅牌也是朝鮮的南龍昇。

柏林奧運是二次戰前最後一次舉辦的奧運會，原本一九四〇年在東京與一九四四年兩屆奧運會都因戰爭因素停辦。我們可以看到日本自從一九一二年首度參加奧運以來，雖然首次只派出兩名選手，純粹是增長見聞看看何謂奧運，第二次參賽就能奪牌，之後歷屆在游泳與田徑上在戰前奧運皆有不錯的成績，特別是三級跳遠，日本創下三連霸的紀錄，跳遠也有不錯的成績，所以戰前日本在所謂「跳部」實力是世界頂尖水準，倒是戰後三級跳遠與跳遠皆未能再奪牌了。

台灣奧運會初選比賽

日本參加的前兩次的奧運會，參賽選手的選拔比賽一直在日本本土舉行而已，尚未擴及殖民地，直到一九二四年巴黎奧運會，選拔過程擴大到殖民地台灣，一九二三年十一月二十三日在圓山運動場舉行台灣首次奧運會選手選拔賽。如前所述由於發生關東大地震，日本原想放棄參加一九二四年的奧運會，後來體育協會基於不想讓日本體育的發展受到頓挫，決定採精兵政策，選拔優秀的選手參加，所以在日本（包含殖民地）各地舉行奧運會選拔賽。十一月二十三日原本是台灣舉行全島陸上競技會的日期，台灣體育協會則決定此項賽事兼奧運會的選拔賽，希望參加的選手在十一月十五日前向三井物產台北支店的內宗方丈夫申請報名即可，並沒有特殊限制。競賽於上午八點三十分開始，首先由鉛球與八百公尺這兩項競賽揭開序幕，台灣首次的奧運會選拔賽就是按照日本本土選拔賽項目，其成績如表1-3-1。

台灣地區的選拔賽成績與日本本土相較還是有不小的差距，並沒有選手入選

表1-3-1　台灣首次奧運會選拔賽成績一覽表

項目	選手	成績	所屬單位
一百公尺	1. 笹盛虎夫 2. 林進川 3. 草水政友	十一秒四	1. 鐵團 2. CAC 3. CAC
二百公尺	1. 林進川 2. 草水政友 3. 笹盛虎夫	二十三秒一	1. CAC 2. CAC 3. 鐵團
四百公尺	1. 干路加 2. 福田政次郎 3. 村松基一	五十六秒二	1. CAC 2. 鐵團 3. 商工
八百公尺	1. 橫田太郎 2. 赤田亨郎 3. 川口義男	二分十三秒	1. 鐵團 2. 北商 3. 鐵團
一千五百公尺	1. 兵頭武雄 2. 小島猛 3. 佐藤儀十郎	四分四十九秒八	1. CAC 2. 北商 3. 北師
一百一十公尺跨欄	1. 山形晉 2. 新垣恆政 3. 黃耀	十九秒四	1. 嘉義支部 2. 二葉 3. 二葉
二百公尺跨欄	1. 山形晉 2. 渡邊仁介 3. 西田弼	二十八秒四	1. 嘉義 2. 嘉義 3. 台北
八百公尺接力	1. 佐藤昇、草水政友、干路加、林進川 2. 鈴木實、笹盛虎夫、福田政次郎、橫田太郎	一分三十八秒六	1. 台中CAC 2. 鐵團

項目	選手	成績	所屬單位
一千六百公尺接力	1. 草水政友、林進川、干路加、佐藤昇 2. 橫田太郎、鈴木實、福田政太郎、笹盛虎夫） 3. 兒玉幸二、船越三五郎、黃家駒、鄭溪泉	三分四十五秒四	1. 台中CAC 2. 鐵團 3. 二葉會
一萬公尺	1. 岩井政敏 2. 高橋又市 3. 今井淳	三十六分五十四秒五分一	1. 二葉會 2. 鐵團 3. 鐵團
三級跳遠	1. 石村猛雄 2. 簡如淡 3. 鄭石蛋	十二公尺五十	1. 北一中 2. 北師 3. 台北青年
跳遠	1. 鄭石蛋 2. 張光鏡 3. 黃光宗	五公尺八十二 五公尺七十四 五公尺六十六	1. 台北青年 2. 淡水中學 3. 二葉會
跳高	1. 黃林水 2. 簡如淡 3. 伴祐治	一公尺六十	1. 竹葉會 2. 北師 3. 嘉義
鐵餅	1. 寺本一男 2. 黃林水 3. 陳炳南	二十九公尺二十六	1. 北一中 2. 竹葉會 3. 台北青年
鉛球	1. 黃光宗 2. 寺本一男 3. 星原益雄	八公尺九十四	1. 二葉會 2. 北一中 3. 北師
鏈球	1. 寺本一男 2. 矢口良忠 3. 黃家駒	二十公尺三十二	1. 北一中 2. 北商 3. 二葉會

項目	選手	成績	所屬單位
標槍	1. 藤岡保夫 2. 田内憲吉 3. 小倉隆盛	四十一公尺十一	1. 北一中 2. 北一中 3. 台北高商
撐竿跳	1. 郭啓迪 2. 高兩貴 3. 神原茂樹	二公尺九十七	1. 淡水中學 2. 台北青年 3. 北一中
十哩馬拉松	1. 佐藤徑道 2. 久保新太郎 3. 野岡美	五十七分十四秒	1. 鐵團 2. 二葉會 3. 商工

竹村豐俊，《台灣體育史》，頁二五二至二五八。

奧運代表團，但終究是台灣有史以來第一場奧運會的選拔賽，可從成績表看出台灣當時的田徑水準。台灣第二次奧運資格賽是一九二八年四月二十八、二十九兩天在圓山運動場舉行的，配合奧運田徑賽首次開放女性選手參加，此次預選賽也是台灣女性選手參加的比賽，超過三百名選手參加。但此次成績部分成績不算理想，例如最受人矚目的男子一百公尺，第一名的選手只有十二秒的成績，比一九二三年十一秒四的成績，反而退步。表1-3-2是台灣女子選手首次留下的歷史性成績，結果由北一女中的學生包辦所有冠軍。

一九三二年四月二十九、三十日舉行第三次奧運選拔賽，自從織田幹雄在一九二八年阿姆斯特丹奧運會獲得第一面日本有史以來的金牌，也加強台灣選手對於奧運會的注意，此時期台灣對於參加奧運會有著更深切的期望。同時，台灣也出現多位有體育天賦的選手，雖然前三次台灣選拔賽並未能產生參加奧運的選手，但是他（她）們努力的過程，依舊在台灣體壇留下了歷史的足跡。

表1-3-2　一九二八年台灣奧運會選拔賽女子選手成績一覽表

項目	選手	成績	所屬單位
五十公尺	1. 法水澄子	1. 七秒六	北一女
	2. 内村貞	2. 七秒八	〃
	3. 稲積比佐子	3. 八秒	〃
一百公尺	1. 法水澄子	1. 一四秒六	〃
	2. 内村貞	2. 一四秒八	〃
	3. 稲積比佐子	3. 一五秒八	〃
二百公尺接力	津谷敏子、金兵百々子、中田加壽子、法水澄子	二十八秒四	〃
四百公尺接力	内村貞、金兵百々子、中田加壽子、法水澄子	五十八秒八	〃
跳高	1. 中野ユキエ	一公尺三十五	〃
	2. 金兵百々子		〃
三級跳遠	1. 中田加壽子	1. 九公尺五十四	〃
	2. 金兵百々子	2. 九公尺十八	〃

竹村豐俊，《台灣體育史》，頁三〇七至三一〇。

臺灣日日新報　昭和七年五月一日

臺灣の陸上競技界に大きなスパイクの跡

前日に劣らず新記錄出づ

オリンピック豫選第二日

シーソーゲームを演じ

高雄軍にまた凱歌

對CB奉納野球戰

6——5

台灣第三次奧運預選賽。《台灣日日新報》，一九三二年五月一日。

一九四〇年「東京奧運」

日本曾爭取一九二四年奧運會主辦權，最後由巴黎取得主辦權，首次申奧失利後，約過數年，一九三〇年當時的東京市長永田秀次郎於六月以復興日本爲出發點提出申請主辦一九四〇年十二屆奧運會的想法，並利用德國舉行學生世界田徑賽的時候，請總教練山本忠興詢問各國反應。一九三一年十月二十八日東京市議會通過此項決議，與大日本體育協會及相關體育團體討論後，日本一九三二年七月洛杉磯奧運會時的奧委會上正式向國際奧委會申請主辦第十二屆奧運會。一九三五年十二月十八日日本成立日本奧運招致委員會，共有六十六名日本各領域有影響力的人物齊力爲拿下一九四〇年的奧運主辦權努力。

日本申請一九四〇年奧運會是此時適逢日本神武天皇即位二六〇〇年紀念，也就是日本開國二六〇〇年，因此在此特殊的時期上，日本希

東京奧運的規則與節目表。《第十二回オリンピック東京大會一般規則及びプログラム》。

望能夠舉辦第十二屆的奧運會（二〇一二年倫敦奧運也是英國女王在位六十週年，是相同的意義）。爲了獲得主辦權，日本國際奧委會主委副島道正與杉村陽太郎直接向義大利總理墨索里尼請求，希望義大利能放棄申奧的計畫，最後墨索里尼首肯，作爲日本申奧的最大敵手義大利已經放棄，日本一躍成爲最有力的申請國。

一九三六年七月三十一日在德國柏林舉行的國際奧委會投票表決下一屆奧運主辦國，東京以三十六票擊敗獲得二十七票的芬蘭首都赫爾辛基，確定獲得一九四〇年奧運會主辦權，同年十二月，東京奧運會組織委員會正式成立。

不到一年，一九三七年六月九日也決定在北海道札幌舉行一九四〇年冬季奧運。除了日本內地興奮之外，殖民地台灣也沉浸在喜悅的情緒中，雖然競賽並不在台灣舉行，但台灣總督府依舊期待奧運會帶給台灣意外的經濟效應，報紙也出現東京主辦奧運期間，台灣在旅遊方面會獲得多少利益的報導。一九三七年鐵道部新年度開始在世界各地推出「觀光台灣」的宣傳活動，期待吸引歐洲觀光客來台旅行。第一年度鐵道部投入一萬七千圓，包括宣傳手冊、明信片、電影製作等等吸引旅客的媒介，鐵道部期待藉由歐洲——南洋——台灣這樣的航線吸引更多旅客到台觀光。政府會著手部分市容的改變，加強台灣旅遊的宣傳。

此外，昭和十年（一九三五）的台灣博覽會舉行之故，阿里山觀光客到達一千多名，因此阿里山管理當局也期盼藉由大型活動來增加旅客。因此投入超過兩萬圓，自奮鬥坂經努力坂，到西山險峻開鑿平坦道路，使得體力並非絕佳的旅客也都能夠來到阿里山。

甚至旅遊業者連伴手禮都計畫好了，也有旅遊業者想到以珊瑚作爲代表台灣的伴手禮，珊瑚的價格一向不高，但業者樂觀的想到三年後的東京奧運可能會帶來的外國遊客，因此在昭和十二年（一九三七）竟然出現了「珊瑚熱」。從一九三七年開始，台灣不論是官方或是民間，都期待藉由一九四〇年的東京奧運會讓台灣在硬體設備或是環境與交通上，更加便利吸引外國觀光客，特別是歐洲旅客，台灣作爲前往日本的中繼站，因此對東京奧運有著高度的期待。

但是這項期待，很快隨著戰事的發展而落空，一九三七年的蘆溝橋事變發生後，世界各國對日本的譴責之聲出現了，影響了各國對日本辦奧運的支持度。日本本國內也有反對主辦奧運的聲浪，首次公開出現放棄主辦奧運的聲浪是一九三七年三月衆議院審查年度預算時，由政友會河野一郎提出。加上一九三七年時多位官員與一九三二年申請時已經不同，例如東京市長已經換成牛塚虎太郎，他非常強調主辦奧運對東京的利

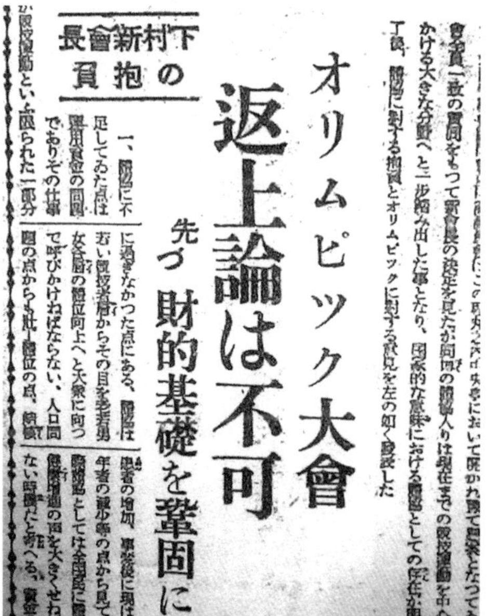
オリムピック大會
返上論は不可
先づ財的基礎を鞏固に
下村新會長の抱負

下村宏反對奧運歸還論。《台灣日日新報》，一九三七年十二月九日。

益，奧運組織委員會成員也時有變動，造成主辦國日本自己內部都有不同的意見。

繼決定停辦一九四〇年的東京博覽會後，一九三八年七月十五日在內閣會議上決定停辦東京奧運會，翌日，將此決定通知日本奧委會，並通知國際奧委會。國際奧委會開會決定由芬蘭的赫爾辛基主辦一九四〇年的第十二屆奧運會，七月十九日芬蘭的奧委會宣布舉辦一九四〇年的奧運會，但是一九三九年九月一日德國納粹軍隊進軍波蘭，英法兩國對德宣戰揭開第二次世界大戰序幕，十一月蘇聯入侵芬蘭，使得一九四〇年奧運會不得不停辦。日本申奧成功則須等到戰後一九五九年五月二十六日國際奧委會宣布一九六四年第十八屆奧運會在東京舉行，才完成日本主辦奧運的夢想。

日治時期台灣新聞報紙對奧運的報導

在未有電視作爲傳播媒介之前，只能靠著報紙、雜誌或是圖書等文字或是廣播（一九二九）來接收奧運比賽的資訊。現在奧運會所引起的矚目，在比賽時期各家報紙必定會增加好幾個版面來報導相關訊息，那麼日治時期呢？

日本本土在一八九七年五月最早的體育雜誌《運動界》創刊（一八九九年廢刊），到了大正時期，報紙對於體育賽事的報導，例如增加專欄，刊登優勝選手的照片，並且由報社本身主辦體育賽事，賽前賣力宣傳，可以說報紙媒體對於體育賽事的發展有絕大的影響力，加上各機關團體或是公司（特別是鐵路公司）推出各項優惠，讓民衆更接近體育，都對體壇的發展有絕佳貢獻。

日本學生對體育的熱愛，出版社會出版相關的技術與規則解說書籍，民眾也喜愛觀看學生間的各項體育競賽，而媒體也注意到這股熱潮，因此體育新聞成了報紙重要的構成來源。《運動界》廢刊後，《運動》（一九〇六年四月）、《運動之友》（一九〇六年十一月）、《運動世界》（一九〇八年四月）等體育雜誌陸續創刊。

如前所述，日本報社對體育事業的影響不只是報導，更會主辦各項賽事，以期刺激報紙的銷售。例如時事新報社一九一三年七月舉辦富士山登山競走，關西地區的大阪每日新聞社一九〇九年三月舉辦阪神間的馬拉松比賽，都得到絕佳的成果，造成了體育與媒體不可分的現象。報社舉辦的體育競賽，獎金優厚，報紙內會介紹或訪問參加競賽的選手，使得民眾更加關心體育競賽，達成體育的普及與社會氛圍的改變。

台灣當時影響力最大的報社——台灣日日新聞報社，報紙以《台灣日日新報》爲例，從日本首次參加奧運開始，報導了金栗四三參加一萬公尺與馬拉松，三島參加一百公尺與四百公尺，當時對奧運這項體育賽事還很陌生，報導篇幅實在非常小。隨著日本選手參加奧運人數漸增，成績也持續進步，以及各種新聞傳播與攝影技術上的進步，都使得奧運新聞的數量逐漸增加，甚至也有賽前專業分析出現，告訴讀者哪些選手是奪牌熱門。

從一九二八年阿姆斯特丹奧運會開始，在賽前有分析報導，依據競賽項目將奪牌的熱門的選手加以分析近況，不過幾乎都限於田徑賽，日治時期奧運會等同田徑

（第三種郵便物認可） 昭和七年一月五日 （火曜日） 臺灣日日

第十回オリンピツク大會
本年米國で開催
世界の覇權を目指して
三十餘國が參加

國を擧げての戰ひ——祖國の榮譽を雙肩に荷つて地球上のスポーツマンが精根を盡して力と技を競ふ國際オリンピツク大會は遂に來た、１９３２年は先づオリンピツクから！回を重ねること十度光輝に滿てるスポーツの殿堂第十回世界大會はU・S・Aロスアンゼルス市に於て擧行せられるのだ、全世界の覇權めざして參加國三十幾つの國々はあらゆる方法必死の努力を盡して祖國の旗をメーンマスト高く揚げんとしてゐるのだ、顧若十數年一九二八年アムステルダムに於ける第九回オリムピツクに於て我國の有した主賓水の鶴田、陸の織田は此の榮冠を成遂げて二百米平泳に三段跳に遂に優勝し二種目ではあつたが數年の希望を達したと共に

奧運報導。《台灣日日新報》，一九三二年一月五日。

運動會的想法非常普遍，所以報導的內容也幾乎是田徑各項賽事。筆者以幾篇報導為例，看當時台灣報紙對奧運會的報導內容。

一九二八年的元旦，十五版幾乎四分之三版面分析當年奪冠的熱門，由財團法人獎健會主事二村忠臣執筆的〈オリムピツク大會を前に 世界競技界はどう動く 各國選手の總まくり〉（〈在奧運會賽事前 世界的競技界如何發展 各國選手總整理〉）。

二村將一百公尺、四百公尺、八百公尺、一千五百公尺、五千公尺、馬拉松、跳遠、跳高、撐竿跳、鐵餅、標槍、一百一十公尺跨欄、四百公尺跨欄、十項全能，每一項的奪牌熱門選手一一分析。二村忠臣本身是鐵餅選手出身，曾於一九一九與一九二〇年在全日本陸上競技選手權得到冠軍，還譯著田

(八) 昭和五年十一月二十六日 臺灣日日新報

次回一九三二年の萬國オリンピック大會

陸上競技番組決定

洛杉磯奧運田徑賽程。《台灣日日新報》，一九三〇年十一月二十六日。

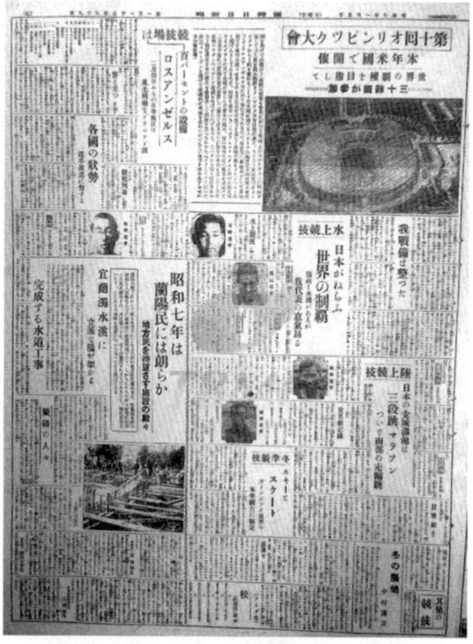
第十回オリンピック大會

世界の制覇

昭和七年は蘭陽民には朗らか

奧運報導幾乎占整個版面。《台灣日日新報》，一九二八年一月一日。

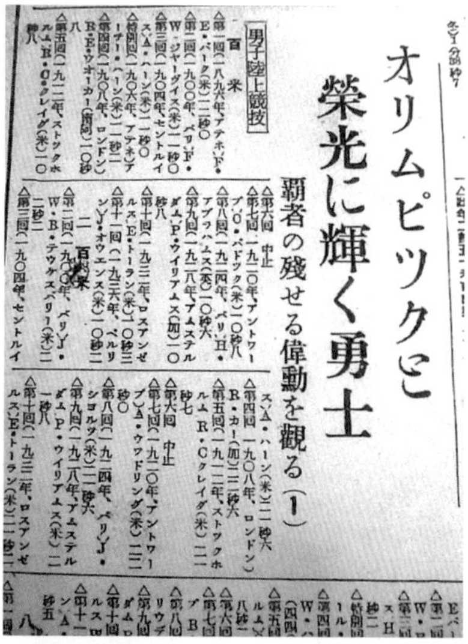
オリムピックと榮光に輝く勇士

覇者の殘せる偉勳を觀る(1)

男子陸上競技

百米

歷屆奧運競賽成績。《台灣日日新報》，一九三六年八月二十四日。

徑相關書籍《名選手之面影：陸上競技・庭球・水上競技》、《投擲技之研究：オリムピック陸上競技》等書，不論是對競賽本身或是國際上傑出選手皆相當熟悉的專業人士。

除了競賽本身，《台灣日日新報》對於與奧運相關事項，例如由哪個城市獲得主辦權，以及賽程如一九三〇年十一月二十六日第八版，將田徑賽事八天的賽程包含比賽時間都包含在內的資訊，完整賽事日程大致上都會很快的報導。

當然日本奧運代表隊的表現自是最重要的內容，若以一九三二與一九三六兩屆有張星賢參加的奧運會爲例，從選手自東京授旗出發，至競賽結束，到歸國都有大篇幅的報導，甚至對於近代奧運復興者古柏坦逝世的消息也同日從日內瓦發出電報〈オリムピックの始祖　クーベルタン男逝去〉的加以報導。

一九二七年日本開啓了廣播轉播體育競賽，馬上成了日本人娛樂的新寵兒。一九三二年洛杉磯奧運會日本採用一天兩小時廣播報導，從文字到廣播，這加強了民衆對奧運會的興趣，部分競賽項目能夠同時透過聲音，讓遠在日本的聽衆也能同步知道比賽結果，同時也能透過廣播人員的解說，使得民衆與奧運會更親近。

林月雲——試圖奔向奧運的旅程

如果說張星賢是台灣戰前最具代表性的男性田徑選手，林月雲可說是女性的最佳代表。當時奧運會對女子選手是較不友善的，包含一九二八年開始田徑賽才開放女子選手參加，且比賽項目少，與男子選手相比，女子選手能夠參加奧運會難度更高，各國皆是如此。台灣直到一九二五年「第六回全島陸上競技選手權」，才有女性選手出現在田徑場上。

林月雲出生於大正四年（一九一五）九月八日的彰化郡和美庄柑子井（今彰化縣和美鎮）。父親林絹宗與母親吳卻共育有十一位女兒與三位兒子，林月雲排行老三，根據昭和十二年版的《台灣人士鑑》，父親林絹宗當時任彰化建築組合理事，可以說生長於富裕的家庭，且得到父母親對她體育活動上的支持。林月雲先後就讀彰化女子公學校（民生國小前身）、彰化高等女學校（彰化女中前身），小學時期就代表學校參賽，展現出運動天賦。

根據金湘斌與徐元民教授的研究，林月雲第一次參賽紀錄應是昭和三年（一九二八）二月十二日的「台中御大典記念競技會」（二月十日爲日本國慶日），畢業前夕代表彰化女子公學校參加五十與一百公尺，分別以七秒四與十四秒八奪得雙料冠軍。林月雲公學校畢業後就讀田徑風氣鼎盛的彰化高等女學校，在菊地千代壽老師的指導下，讓林月雲的田徑成績更突飛猛進。

林月雲漸漸的在田徑圈闖出名號，讓她揚名台灣體育界的是她是第一位以台灣人身分代表台灣的女子選手參加當時最大的運動盛會「明治神宮體育大會」，林月雲雖是第一次參加如此大型的比賽，但在昭和六年（一九三一）「第六回明治神宮體育大會」中以十公尺九十六破台灣紀錄的佳績，獲得全日本女子三級跳遠亞軍，震驚日本體壇，也得到提拔不世出的田徑天才人見絹枝[4]的女子體專校長二階堂女士的賞識，力邀林月雲畢業後到日本內地留學。

參加「第六回明治神宮體育大會」返台後，時間上接近日本第十屆洛杉磯奧運會選手選拔的時間，在隔年一九三二年四月二十九、三十日「建功神社奉納陸上競技兼豫選會」上，林月雲再度大顯身手，一百公尺預賽中即以十二秒九的成績成爲台灣田徑界第一位跑進十二秒的女子選手。三級跳遠同樣以十一公尺十五的成績刷新自己所保持的紀錄，並且只差一公分即可平日本的紀錄。林月雲的表現當然是代表台灣到日本東京參加日本奧運預選賽的最佳人選，成爲代表台灣角逐日本奧運代表團第一人。

一九三二年五月十七日，林月雲與隊友蕭織一同搭乘吉野丸前往東京參加奧運最後的選拔賽，可惜在最後的選拔賽中，林月雲的成績比她在台灣預賽來得不理想，一百公尺僅跑出十三秒三並沒有進入決賽，三級跳遠也是只有十公尺六十六成績。兩個林月雲的強項都沒能發揮應有的水準。六月五日林月雲回台，根據菊地教練的說法，台灣兩位選手表現不佳與選手必須搭船三日才能到達神戶，再轉往東

---

4 人見絹枝（一九〇七—一九三一）是日本戰前最傑出的女子田徑選手，出生於岡山縣，她是日本第一位在奧運會上奪牌的女子選手，一九二八年的阿姆斯特丹奧運會中奪得八百公尺銀牌，並曾創下跳遠與三級跳遠的世界紀錄。人見積極推廣女子田徑，可惜積勞成疾，僅僅二十四歲就因結核病過世，是日本田徑界最大的遺憾。

京，舟車勞頓的情形下影響了選手的表現。

這次未能參加奧運會，林月雲回台後繼續努力，六月十九日在台中舉行的「第一回台中州下陸上競技會」上，林月雲參加了四項，其中以三級跳遠十一公尺五十一成績打破日本紀錄，最後因比賽場地台中水源地競技場不被認爲是合格的場地，因此林月雲這次的成績不被列入正式日本紀錄，只能被視爲突破日本紀錄或是非正式紀錄。

一九三三年三月，林月雲到日本女子體育專門學校留學（簡稱女子體專），林月雲到日本留學的消息，《讀賣新聞》也加以報導，女子體專是日本女子體育大學的前身，一九二二年四月創立「二階堂體操塾」，一九二六年升格爲「日本女子體育專門學校」，是日本最早的女子體育學校。在林月雲來到日本後參加「第七回明治神宮體育大會」在三級跳遠中奪冠，這是她第一座全日本冠軍。在日留學期間一開始也是選擇一百公尺與三級跳遠爲主攻的項目，第二年林月雲轉攻八十公尺跨欄與跳遠，或許是考慮到奧運比賽項目，三級跳遠並非洛杉磯奧運會比賽項目，讓林月雲思考自己的專攻項目是否需要調整。

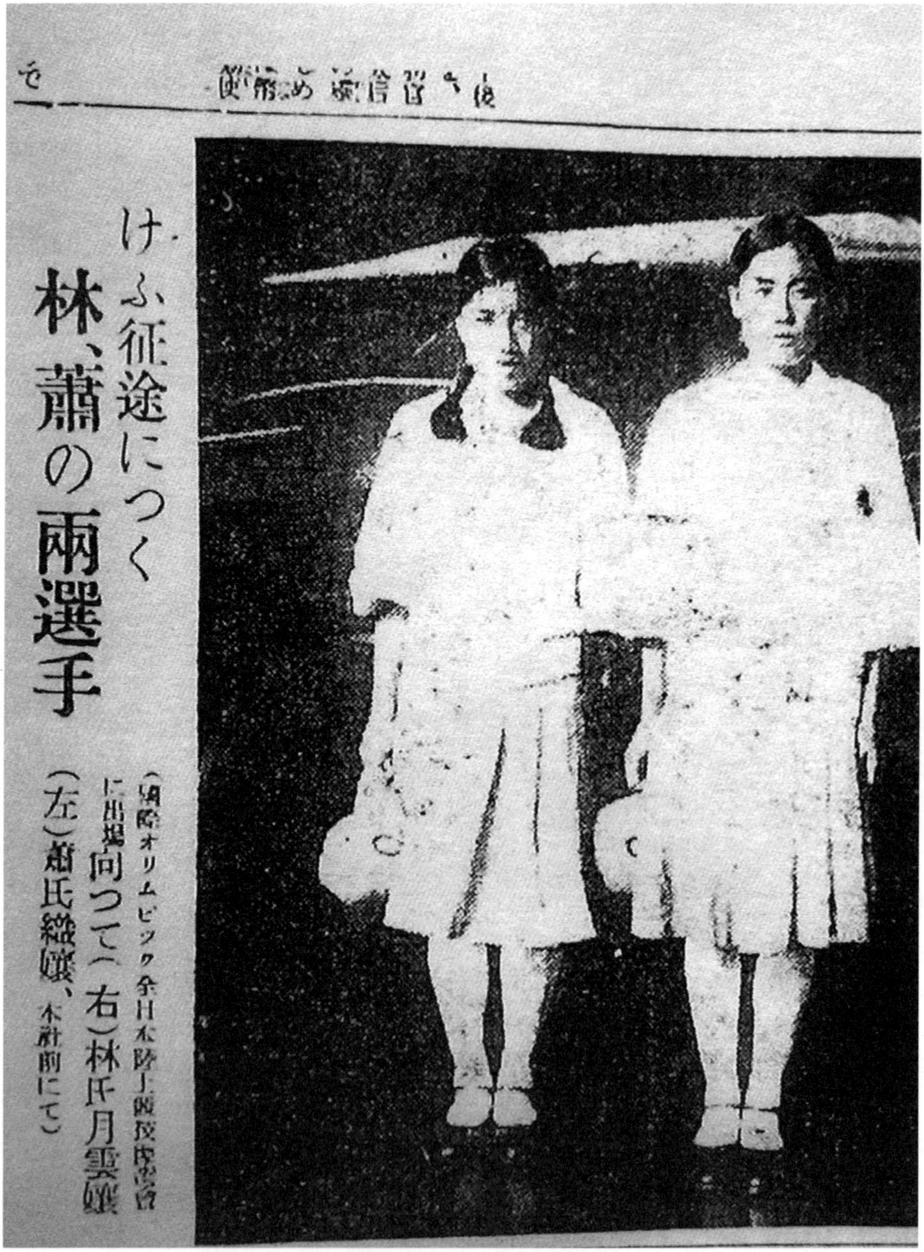

林月雲與蕭織前往東京參加日本奧運預選賽。《台灣日日新報》，一九三二年五月十七日。

林月雲曾就讀的女子體專，原址已成為日本女子體育大學附屬二階堂高等學校。筆者攝於二〇一三年九月二十六日。

從一九三四年開始，林月雲頻頻在日本大小體育賽事得獎，主攻一百公尺與跳遠爲主，並在一九三五年的「關東女子陸上競技會」中拿下八十公尺跨欄與一百公尺雙料冠軍。同年的「第十一回關東陸上選手權」一百公尺項目，林月雲以十三秒二奪冠；跳遠也以五公尺三十六得第一名；四百公尺接力也與隊友以五十三秒得到第一。一九三五年日本已經思考下屆柏林奧運的選手選拔的問題，十一月的「第八回明治神宮體育大會」，在八十公尺跨欄與一百公尺分別以些微差距得到亞軍，雖然沒得到第一名，林月雲的好表現當然是柏林年奧運的熱門人選，日本選出了二十位田徑競賽的奧運培訓選手，林月雲在一百公尺、八十公尺跨欄與四百公尺接力三項競賽中被視爲熱門人選。

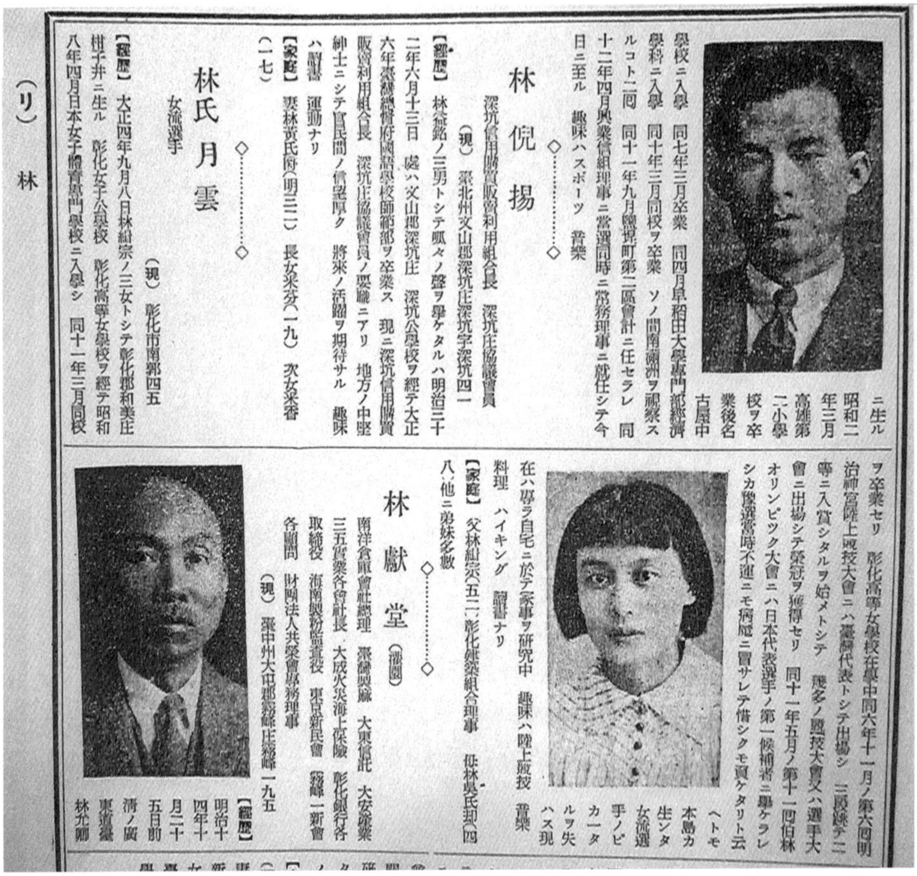
(リ) 林

ニ生ル 昭和二年三月高雄第二小學校ヲ卒業後名古屋中學校ニ入學 同七年三月卒業 同四月早稻田大學專門部經濟學科ニ入學 同十年三月同校ヲ卒業 ソノ間南滿洲ヲ視察スルコト二回 同十一年九月鹽埕町第二區會計ニ任セラレ 同十二年四月興業信組理事ニ當選同時ニ常務理事ニ就任シテ今日ニ至ル 趣味ハスポーツ 音樂

◇…………◇

林倪揚

深坑信用購買販賣利用組合長 深坑庄協議會員

(現) 臺北州文山郡深坑庄深坑字深坑四一

【經歷】 林益銘ノ三男トシテ呱々ノ聲ヲ舉ケタルハ明治三十二年六月十三日 處ハ文山郡深坑庄 深坑公學校ヲ經テ大正六年臺灣總督府國語學校師範部ヲ卒業ス 現ニ深坑信用購買販賣利用組合長 深坑庄協議會員ノ要職ニアリ 地方ノ中堅紳士ニシテ官民間ノ信望厚ク 將來ノ活躍ヲ期待サル 趣味ハ讀書 運動ナリ

【家庭】 妻林黃氏苺(明三二) 長女采芬(一九) 次女采香(一七)

◇…………◇

林氏月雲

女流選手

(現) 彰化市南郭四五

【經歷】 大正四年九月八日林紹宗ノ三女トシテ彰化郡和美庄柑子井ニ生ル 彰化女子公學校 彰化高等女學校ヲ經テ昭和八年四月日本女子體育專門學校ニ入學シ 同十一年三月同校ヲ卒業セリ 彰化高等女學校在學中同六年十一月ノ第六回明治神宮陸上競技大會ニハ臺灣代表トシテ出場シ 三段跳デ二等ニ入賞シタルヲ始メトシテ 幾多ノ競技大會又ハ選手大會ニ出場シテ榮冠ヲ獲得セリ 同十一年五月ノ第十一回伯林オリンピック大會ニハ日本代表選手ノ第一候補者ニ舉ケラレシカ豫選當時不運ニモ病魔ニ冒サレテ惜シクモ負ケタリト云ヘトモ本島カ生ンタ女流選手ノピカータルヲ失ハス現在ハ専ラ自宅ニ於テ家事ヲ研究中 趣味ハ陸上競技 音樂 料理 ハイキング 讀書ナリ

【家庭】 父林紹宗(五二) 彰化建築組合理事 母林吳氏抑(四八) 他ニ弟妹多數

◇…………◇

林獻堂 (灌園)

南洋倉庫會社總理 臺灣製麻 大東信託 大安産業 三五實業各會社長 大成火災海上保險 彰化銀行各取締役 海南製粉監査役 東京新民會 霧峰一新會各顧問 財團法人共榮會專務理事

(現) 臺中州大屯郡霧峰庄霧峰一九五

【經歷】 明治十四年十月二十五日前清ノ廣東省臺林允卿

林月雲。《台灣人士鑑》，頁四四五。

為了備戰柏林奧運選拔賽，林月雲並沒有回台灣過年，與入選培訓的選手一起在學習院還有一月十一日起每個星期六午後兩點在芝公園競技場訓練，三、四兩月在鎌倉與神宮競技場的集訓，可惜在最後的五月奧運選拔賽功虧一簣，無法參加奧運。一九三六年柏林奧運選拔依舊是相同的問題，在最關鍵的選拔賽無法拿出最佳狀態。連續兩次挑戰奧運參賽權都失敗，林月雲回到台灣後暫時離開田徑界，隔年在一九三七年九月的「第十八回全島大會兼第九回明治神宮台灣豫選會」再度出賽，在一百公尺預賽中隨即展現出驚人的實力，以十二秒五的成績打破自己所保持的紀錄，決賽以十三秒整奪冠，在跳遠項目也以五公尺〇九的成績拿下第一，再度獲選爲代表台灣選手，前進東京參加「第九回明治神宮體育大會」，留下一百公尺第四名，跳遠五公尺三十九亞軍的成績。林月雲第三度獲得日本奧運會選拔委員的青睞，以她在台灣創下一百公尺十二秒五的紀錄，再次將林月雲選爲一九四〇年東京奧運的培訓選手。

如前所述，在二次大戰爆發的因素下，中止了一九四〇年的奧運，所以林月雲也就無法再度挑戰奧運的參賽權。林月雲之後陸續參加一九三八年八月十四日在名古屋舉行的「第三回三地域女子對抗陸上競技會」，一百公尺決賽中退出，跳遠奪冠，儘管參賽成績都還是十分優異，但是林月雲已經減少參賽，在一九三九年一月七日則是她告別田徑場的最後賽事，從一九二八年嶄露頭角以來，十一年的田徑生涯畫下句點。從《台灣總督府職員錄》中，看到林月雲從一九三八年曾擔任台南州斗六女子公學校（斗六鎮東國小前身）代課老師，一九三九至一九四〇年後轉至台中州吳厝公學校（霧峰四德國小前身），也是代課老師的身分。

我們從《讀賣新聞》可知，林月雲參加多項日本國內大小競賽，成績大致上都相當出色，可從表1-3-3在日本女子十傑的排行中，多次排行前兩名，可惜最後關鍵的預選賽無法發揮最佳狀態[5]。

5 對於能否入選奧運代表團，當然多少也有點關乎選拔委員會選取選手的政策，筆者發現戰前日本奧運會女子選手集中於田徑與游泳兩項。田徑部分，五位田賽選手，其中鐵餅三人，標槍一位，跳高一位。徑賽二位，八十公尺跨欄一位，一百公尺一位。

戰後廖漢水教授統計了台灣田徑成績，在一九六五年出版了《田徑賽年鑑》，到一九六四年十二月一日爲止，林月雲在多項成績仍是歷代前十名的成績，一百公尺十二秒五仍贏紀政的十二秒七，還是歷代最快的選手，八十公尺跨欄第五名，跳遠第四名的驚人成績。

表1-3-3　林月雲在日本十傑成績排行

時間	項目	成績	排名	所屬單位	資料來源
昭和六年度（一九三一）	一百公尺	十三秒三	十	彰化高女	《讀賣新聞》，一九三一年十二月二十四日，五版
〃	三級跳遠	十公尺九十六	二	〃	〃
昭和七年度（一九三二）	一百公尺	十二秒九	六	〃	《讀賣新聞》，一九三二年十二月二十五日，五版
〃	三級跳遠	十一公尺十五	三	〃	〃
昭和八年度（一九三三）	一百公尺	十三秒二	五	女子體專	《讀賣新聞》，一九三三年十二月二十二日，五版
〃	三級跳遠	十一公尺十八	一	〃	〃
昭和九年度（一九三四）	一百公尺	十三秒一	十	〃	《讀賣新聞》，一九三四年十二月二十二日，五版
〃	二百公尺	二十七秒二	三	〃	〃
〃	跳遠	五公尺二十八	四	〃	〃
〃	三級跳遠	十一公尺二十四	一	〃	〃
昭和十年度（一九三五）	一百公尺	十二秒八	四	〃	《讀賣新聞》，一九三十六年一月五日，四版
〃	八十公尺跨欄	十二秒六	一	〃	〃
〃	跳遠	五公尺三十六	二	〃	〃

時間	項目	成績	排名	所屬單位	資料來源
昭和十一年度（一九三六）	八十公尺跨欄	十二秒九	二		《讀賣新聞》，一九三六年十二月二十七日，四版
昭和十二年度（一九三七）	一百公尺	十二秒五	二	台中	《讀賣新聞》，一九三七年十二月二十五日，四版
〃	跳遠	五公尺三十九	二	〃	〃
昭和十三年度（一九三八）	八十公尺跨欄	十三秒五	四	台中	《讀賣新聞》，一九三八年十二月九日，四版
〃	跳遠	五公尺二十一	四	台中	〃

古柏坦（一八六三年一月一日至一九三七年九月二日）

古柏坦出生於巴黎，來自一個充滿藝術氣息的貴族家庭，他在巴黎的聖伊格涅斯學院（Collèges Saint-Ignace）求學時，向卡洪（Carron）神父學習耶穌會對古代世界的觀念與希臘古典時期身心兩方面的平衡，同時也學習馬術、擊劍與划船等運動。古柏坦也對教育與社會理論進行了深刻的研究，在一八八八年出版的著作他認爲：「減輕學習的分量，減緩學習的速度，並無法解決過勞的問題，或者該說無法解決我們認爲過勞帶來的種種影響。解決之道在於運動，運動能與智識疲乏者達成平衡。只有運動能夠重新建立原有的平衡狀態，在每一個教育體系中，運動都應該有屬於它的位置。」

因爲古柏坦極力強調體育對道德的影響，之後他所促成的現代奧運，也更重視選手的道德與運動精神。古坦伯對奧運的發展極爲重要的影響是限定業餘的運動員參加（當然這項原則目前已經被打破，籃球、足球與網球等項目早已開放職業選手參加競賽），同時強調運動員的道德與運動員之間的友誼。爲現代奧運復興奔走的古柏坦並沒有擔任第一任奧會主席，第一任由希臘體操協會會長維克拉斯（Demetrius Vikélas）擔任，古柏坦擔任祕書長，不過第二任則由古坦柏擔任。從一八九六至一九二五年，在巴黎舉辦第八屆奧運與第一屆冬季奧運之後，古柏坦以健康爲由辭去奧會主席一職，結束了他爲奧運會努力奔走的歲月。結束奧會主席一職後，古柏坦定居瑞士洛桑，開始撰寫回憶錄，至一九三七年九月逝世。並遵照他的遺囑將心臟埋葬在古代奧林匹亞發源地——希臘科羅尼恩山麓，遺體則埋葬在國際奧會總部日內瓦湖畔，供後人憑弔。

古柏坦〈奧林匹亞〉一九二七年四月十七日

今天，在著名的奧林匹亞廢墟中，我們舉行了奧林匹克運動會恢復紀念碑的落成典禮。奧林匹克運動會是在三三年前宣告恢復的。爲了永久的紀念，希臘政府豎立起這座誌碑，恢復奧運會的創舉彪炳青史。現在該由你們使這一創舉發揚光大了。我和我的朋友們，我們努力奮鬥，還給了你們一個奧林匹克運動會，並不是爲了使之成爲博物館的展品或電影的題材，也不是爲了讓金錢的利益或選舉的考慮將其摧毀。我們恢復了一個擁有兩千五百年歷史的活動，是希望你們能夠成爲祖先所設計的體育信仰的弟子。在這充滿巨大的可能性，同時也受到危險的墮落所威脅的的現代世界裡，奧林匹克主義可以是一所既培育高尚精神和美好情操的學校，也是培育身體耐力和力量的學校，但條件是你們必須不斷地將你們的體育榮譽觀念和非功利觀念提高到與你們身體力量相稱的高度，未來寄託在你們身上[6]。

6 皮埃爾·德·顧拜旦著，劉漢全譯，《奧林匹克回憶錄》（北京：北京體育大學，二〇〇八年六月），頁一九二。

奧運會與政治

奧運會一直強調奧運會是世界最頂尖運動選手的集合，不受政治或戰事的干擾，但實際上受到政治與戰爭干擾的現象一直存在。一九一六年原本應該在德國柏林舉行的第六屆奧運會因爲第一次世界大戰之故而停辦，而一九二〇年選擇比利時安特衛普是因爲安特衛普在第一次世界大戰中傷亡慘重，德國因爲侵略國之故，一九二〇與一九二四兩屆奧運被迫不能參加。戰後首次奧運會一九四八年在倫敦舉行，戰前侵略國的德國與日本無法參加，都是政治的影響。戰後，美國與蘇聯兩陣營也曾互相抵制。一九八〇年莫斯科奧運，美國總統卡特因蘇聯在一九七九年入侵阿富汗，宣布抵制莫斯科奧運，包括美國、加拿大、日本還有中華民國在內六十三個國家抵制，使得莫斯科奧運成爲一九五六年以來參賽國最少的奧運會。下一屆在美國洛杉磯舉行，輪到以蘇聯爲首的社會主義國家進行抵制。

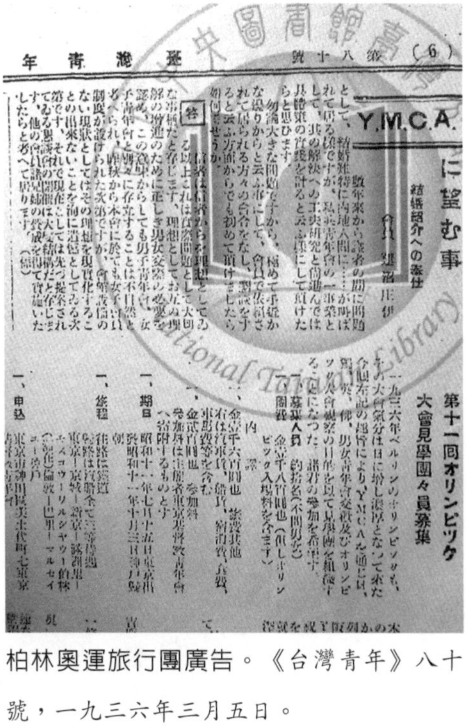
臺灣青年　第八十號　(6)

Y.M.C.A.に望む事

第十一回オリンピック大會見學團々員募集

柏林奧運旅行團廣告。《台灣青年》八十號，一九三六年三月五日。

奧運旅行團

體育觀光現在十分流行，例如二〇〇八年北京奧運時，國內旅行社主打北京奧運團，早在一九三六年在八十期的《台灣青年》上刊登招募到柏林奧運會的觀眾，就已經有這樣的概念，摘譯內容如下：

1.募集人數：約十名（男女不拘）。
2.團費：一千八百圓（包含比賽門票）。
3.日期：七月十五日由東京出發，十月三日由神户回國。
4.旅程：去程爲陸路，回程爲水路（三等艙）。東京——京城（首爾）——新京（長春）——滿洲里——莫斯科——華沙——柏林——巴黎——馬賽——神户。
5.申請：東京市神田區美土代町七，東京基督教青年會。但爲了申請方便，在橫濱、名古屋、大阪、神户、京都、仙台、京城、台灣的各地青年會皆可申請。
6.截止日期：昭和十一年（一九三六）三月十日。
7.注意事項：有其他相關細則與規定。

當時一千八百圓是多貴呢？若是以當時台灣的薪水來看，當時嘉農校長月薪一百四十圓，所以是超過嘉農校長年薪的價格。

人物篇

首位加入日本職棒的台灣選手——吳昌征

在甲子園大賽中的出色表現引起日本職棒巨人隊的興趣，二十二歲的吳昌征成了台灣首位加入日職的選手，二十年的職棒生涯創造了多項光榮的紀錄。

吳昌征生平

一九九五年七月二十五日，職棒年度明星賽開打前，在橫濱的棒球場舉行吳昌征入選日本職棒名人堂的儀式。吳昌征是第一位台灣出身而入選日本職棒名人堂的選手，也是台灣人赴日打職棒第一人。昭和十二年（一九三七）三月，吳昌征加入巨人隊而開啓了二十年的職棒生涯。

吳昌征本名吳波，生於大正五年（一九一六）年八月二十六日，誕生地爲現今高雄市橋頭區的台糖糖廠內社區。父親吳福曾於台北擔任公職，之後回到故鄉橋頭糖廠工作，擔任原料課的原料推廣職務。吳昌征從小生活的環境提供了接觸運動的機會，在糖廠員工社區內，球場經常舉行棒球比賽，緊鄰球場的則是相撲場，同時也有網球場，吳昌征在這樣擁有絕佳體育設施的環境中成長。

吳昌征就讀僑仔頭楠梓第二公學校（今橋頭區仕隆國小）高年級時，有位來自嘉義農林學校棒球選手小里初雄，他覺得吳昌征臂力強，身手敏捷，加上左撇子的優勢，讓小里認爲吳昌征是可造之材，因此與吳昌征玩傳接球並指導他一些棒球上的技術。吳昌征也向小里初雄表達想考嘉義農林學校，進入棒球隊之意。吳昌征考上嘉農過程十分不順，總共考了三次才考上，不過，皇天不負苦心人，吳昌征終於如願考上嘉農。

三次甲子園大賽

嘉農第一次打進甲子園就得到亞軍，震驚日本棒壇後，一九三三年，嘉農再度取得台灣代表權，練球時也引起媒體的好奇，嘉農選手裸足練球也成爲報導的題材，報紙則以「裸足的人間機關車」暱稱吳昌征裸足打球，之後「人間機關車」遂成爲吳昌征在日本職棒的代名詞。

一九三三年八月第二次進軍甲子園的嘉農，原本期待與首次進軍甲子園一樣有好成績，沒想到在第一場以十比一敗給松山中學，在先發投手首局先發不穩時，原是擔任中外野手的吳昌征擔任起救援投手，表現也不是十分理想，七又三分之一局的投球，被擊出九支安打，失五分。

一九三五年春季甲子園，嘉農也是首場比賽就以七比十二敗給浦和中學，這場由吳昌征先發，吳昌征雖然只被擊出三支安打，卻送給浦和中學十六次保送，雖然安打較對手多四支，並且獲得場邊觀衆的聲援，但仍難逃輸球的命運。隔日的《讀賣新聞》第五版上，採訪的特派員宇野庄治就提到嘉農敗在投手，這次的投手完全沒有控球力，全場三位投手送出二十一次保送，不過從第七局開始投球的第三任投手吉川（楊吉川）就投得不錯，若能早點換上他或許勝負還未定。

前兩次的甲子園大賽經驗，都是首場就落敗，第三次甲子園比賽，吳昌征終於嘗到勝利的滋味。首場對戰強敵平安中學，嘉農以四比一贏得勝利，吳昌征擔任第二棒與左外野手，三打數擊出一支安打，並獲得一次保送。十九日的八強戰，對手是近藤教練的母校松山商業，吳昌征無安打，被三振一次，嘉農以四比五輸球。第二十一屆的甲子園大賽，吳昌征八打數只擊出一支安打，打擊率只有零點一二五。守備上，這兩場吳昌征都無守備機會，沒有球打到左外野方向。一九三六年吳昌征最後一次在甲子園出賽，八月十四日，嘉農對上以前對手小倉工業，吳昌征三打數擊出一支安打，一次保送，並盜壘成功三次，嘉農以四比三險勝，進入第二輪後，嘉農以五比七敗給育英商業，吳昌征打數擊出一支安打，一次保送，外加一次盜壘。最後一次參賽，七打數擊出二支安打，打擊率零點二八六，吳昌征表現最佳的是盜壘成功四次，是所有參賽選手最多。

吳昌征在甲子園春夏兩季的比賽，吳昌征總共出賽四次，當時仍沿用吳波本名，能投、擅打且腳程快，吳昌征在嘉農時期縱然沒能替球隊取得任何優勝，但是他個人優異表現，讓日本職棒球團看到了他。

加入巨人軍

吳昌征也與許多選手一樣，面臨畢業後選擇的問題，是該進入棒球名門學校或是進入職棒或是留在台灣工作，三月初吳昌征選擇畢業後加入巨人隊，《讀賣新聞》三月六日就發布了吳昌征即將加入巨人軍的消息。

現在日本職棒選手高薪，社會形象好，是許多女性理想的結婚對象，但是在昭和初期日本職棒聯盟剛成立時，職棒選手社會地位並不是像現在那麼良好，特別是所謂名門或是家庭較富裕的女性，若與父母說起想與職棒選手結婚，那可能會引起不小的騷動。吳昌征是在這樣的社會背景下，加入了當時還是單一聯盟的日本職棒東京巨人隊。

月薪一百四十圓，簽約金八百圓，同時替吳昌征支付赴日準備金，是巨人隊網羅吳昌征時的條件，月薪一百四十圓等同嘉農校長的薪水，是相當不錯，但與其他當時明星球員相比，是不算高薪。若考慮到日本讀大學預科與本科至少五年的學費與生活費，對吳家也是一大負擔，因此吳昌征最後選擇加入巨人隊。一九三七年三月十二日晚上吳昌征抵達東京，隔天馬上前往巨人隊事務所報到。在日職成立的第二年，吳昌征加入了巨人隊，穿上二十三號球衣。

日本職棒的誕生

吳昌征打職棒時的環境與現在日職的好環境相去甚遠，因此有必要理解吳昌征打球時的相關背景。日本職棒開打於昭和十一年（一九三六），共有七支球隊

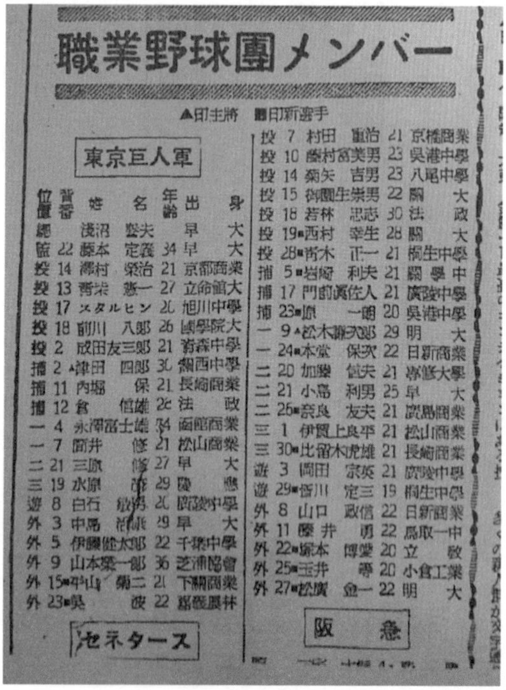

職業野球團メンバー

▲印主將 ■印新選手

東京巨人軍

位置	背番	姓名	年齡	出身
總		淺沼譽夫		早大
監	22	藤本定義	34	早大
投	14	澤村榮治	21	京都商業
投	13	青柴憲一	27	立命館大
投	17	スタルヒン	20	旭川中學
投	18	前川八郎	26	國學院大
投	2	成田友三郎	21	青森中學
捕	2	▲津田四郎	30	關西中學
捕	11	內堀保	21	長崎商業
捕	12	倉信雄	2[illegible]	法政
一	4	永澤富士雄	34	函館商業
一	7	筒井修	21	松山商業
二	21	三原脩	27	早大
三	19	水原茂	29	慶應
遊	8	白石敏男	20	廣陵中學
外	3	中島治康	29	早大
外	5	伊藤健太郎	22	千葉中學
外	9	山本榮一郎	36	芝浦協會
外	15	■平山菊二	21	下關商業
外	23	■吳波	22	嘉義農林

セネタース

位置	背番	姓名	年齡	出身
投	7	村田重治	21	京橋商業
投	10	藤村富美男	23	吳港中學
投	14	菊矢吉男	23	八尾中學
投	15	御園生崇男	22	關大
投	18	若林忠志	30	法政
投	19	■西村幸生	28	關大
投	28	■青木正一	21	桐生中學
捕	5	■岩崎利夫	21	關學中
捕	17	門前眞佐人	21	廣陵中學
捕	23	■原一朗	20	吳港中學
一	9	▲松木謙次郎	29	明大
一	24	■本堂保次	22	日新商業
二	20	加藤信夫	21	專修大學
二	21	小島利男	25	早大
二	26	■奈良友夫	21	廣島商業
三	1	伊賀上良平	21	松山商業
三	30	■比留木虎雄	21	長崎商業
遊	3	岡田宗英	21	廣陵中學
遊	29	■皆川定三	19	桐生中學
外	8	山口政信	22	日新商業
外	11	藤井勇	22	鳥取一中
外	22	■塚本博睦	20	立教
外	25	■玉井榮	20	小倉工業
外	27	■松廣金一	22	明大

阪急

一九三七年巨人隊選手名單。《讀賣新聞》，一九三七年三月二十六日。

加入，當時為單一聯盟，隔年增為八隊。一九三六至一九三八年分為春、秋兩個球季，吳昌征加入時共有八隊，每隊交戰八場，所以賽季共有五十六場。當時東京巨人軍全隊選手只有十八人，教練一人，加上領隊共二十人。吳昌征加入巨人隊時只有增加二名選手，除了吳昌征，另一名也是外野手的平山菊二。

從當時的報導可以感受巨人隊對吳昌征的期待，吳昌征加入巨人隊，母體企業《讀賣新聞》除了三月六日先發消息聲明吳昌征即將加入的消息外，三月十四日四版以〈期待の強打 隨一の駿足　巨人軍入りの吳選手〉（期待的強打首屈一指的快腿 加入巨人軍的吳選手）加以介紹，特別強調吳昌征的速度是應該是所有球員中最快的，是盜壘王的熱門人選。

吳昌征十三日向球隊報到後隨即展開練習，在熱身賽時球隊已經安排吳昌征出場，三月十五日在靜岡的熱身賽對戰「全靜岡」，巨人以二十二比一獲勝，吳昌征擔任中外野手，三打數擊出二安打，並跑回三分，這是加入巨人隊後第一場出賽（是熱身賽並不列入正式紀錄）。二十日對戰「大東京」三打數一支安打，並有一次盜壘。

重要的日子終於來臨，一九三七年三月二十八日下午三點十分在上井草球場[1]，四千九百九十五名觀眾面前，吳昌征開始了他的職棒生涯，交戰對手是金鯱

期待の强打
隨一の駿足
巨人軍入りの吳選手

巨人軍の新人選手としてファンの間に多大の期待をかけられてゐる嘉義農林の快足中堅手吳波君(二〇)は臺灣から十二日夜着京、十三日巨人軍事務所で正式に就職の挨拶をした、目下タイガース結成一周年記念試合に出場してゐる巨人軍が靜岡の合宿に歸るのを待つて同日から練習に參加するが吳選手は左投左打で三年まで投手を務め、四年の時肩を痛めて中堅手となりその健棒は引續いて四番打者を承つてゐた、現在では肩も回復してをり、特にその本領ともいふべきは盜壘で田部をもしのぐ快足で、このスピードは恐らく現職業團入りチーム中第一位であらう、強打駿足がなほ一層完成すれば巨人軍中の一大戰力とならう(寫眞は吳)

吳昌征加入巨人隊的報導。《讀賣新聞》，一九三七年三月十四日。

1 上井草球場由當時的西武鐵道所建，一九三六年八月完工，位置在現今東京市杉並區。當時通稱為東京球場，與洲崎球場、戶塚球場成為當時日職的主要比賽球場。當時可容納二萬九千五百人。在隔年後樂園球場完成後，上井草球場場次受到影響，一九五〇年八月四日舉行完兩場最後的比賽，至一九五九年因為蓄水池的建設之故而廢止，目前現地已成為杉並區的「上井草スポーツセンター」（上井草運動中心）。

隊[2]，第一場比賽球團賦予他第一棒與中外野手（中堅手）的職務，首場比賽吳昌征交出三打數一安打，二次保送與一次三振的成績。吳昌征職棒生涯首支安打是五局下，點出三壘方向短打，靠著自己的快腿跑出一支內野安打，同時在傳奇投手澤村榮治的把關下，巨人以三比〇獲勝。

隔日與金鯱的第二戰，吳昌征三打數三安打，二次保送，並爲球隊得到一分的好表現。而吳昌征在第二場比賽就發揮了他的快腿功力，完成第一次盜壘成功。這場比賽巨人隊全場只擊出六支安打，吳昌征就占了一半打了三支，巨人隊就在金鯱隊松元與平川兩位投手送出十一次保送下，以七比二再度贏得勝利。

綜觀吳昌征的第一個職棒球季，吳昌征以零點二八九的打擊率爲打擊第五傑，是巨人隊陣中最出色的打者。盜壘十八次與中島康治並列隊上最多，守備方面出現兩次失誤，春季球季也只有一場未出賽，讓吳昌征順利的站上日本職棒的舞台。秋季的例行賽，吳昌征前一個月的賽事並未出賽，直到九月二十九日才出場比賽，雖說出賽場次減少，但打擊率卻高達零點三二九，並且在十二月二日與阪神的總冠軍賽第二場擊出在日職的第一支全壘打，但巨人隊仍是四比七輸球，並且總冠

2 金鯱隊是來自名古屋的職棒球隊，成立期間只有一九三六－一九四〇年，它的母企業爲名古屋新聞社，到了一九四〇年時，因爲球員不足與母體企業名古屋新聞社受到「新聞統廢合令」的影響，一九四一年與另一支職棒球隊「翼軍」合併，改名爲「大洋軍」（此大洋軍與現在橫濱海灣之星無關）。目前在名古屋的中日龍隊與金鯱隊沒有關係。

昭和十二年三月二十九日

上井草風景

球より早い吳君の足

サイレンの最中もうワンダウン

吳昌征首場出賽報導。《讀賣新聞》，一九三七年三月二十九日。

軍賽也以二勝四敗輸給了阪神隊。

一九三八至一九三九年吳昌征狀況下滑，春季打擊率僅零點二一〇，秋季因受傷僅出賽五場，一九三九年日職改爲單一賽季，打擊率下滑到只剩零點一六〇，但靠著外野的優異防守能力，吳昌征還是持續先發。一九四〇年，球季開賽沒多久，吳昌征在職棒生涯首次以投手身分登場，這是自一九三五年春季甲子園比賽中，對戰來自埼玉縣浦合中學後，相隔五年再度以投手身分上場。三月三十一日與南海隊（現福岡軟體銀行前身）比賽中，先發投手楠安夫只投一局的情況下，由吳昌征從第二局開始登板投球。七局的投球內容中，被打出八支安打，包含一支全壘打，三次三振與二次保送，共失九分（都爲自責分），表現並不佳。吳昌征在巨人隊也就這場以投手身分出場，防禦率高達十一點五七。打擊方面依舊未恢復剛加入球隊時的水準，只有零點一九七，但此球季的個人紀錄是六月九日對戰阪急隊時，從投手森弘太郎手中擊出在例行賽的第一支全壘打。

一九四一年吳昌征季賽的打擊依舊平平零點二二〇，但是在年終時，十一月二十九日至十二月一日，由讀賣新聞社主辦的「第一回日本野球東西對抗」，吳昌征以七打數五安打（三壘與二壘安打各一支），打擊率高達七點一四，是對抗賽中打擊率最高的選手。特別在第二戰，三打數三安打，並在第六局打擊時，開啓東軍的逆轉的契機，還有多次美技守備化解危機，攻守俱佳的表現獲得「殊勳賞」的榮耀。

贏得打擊王頭銜

延續年終東西野球對抗賽的好表現，一九四二年吳昌征首度贏得打擊王，吳昌征全勤出賽，打滿一百零五場比賽，以零點二八六的打擊率首度登上打擊王的位置，雖然在日本職棒史上，這是打擊率最低的打擊王，但是查閱一九四二年打擊成績，普遍都不佳，第二名的來自南海隊的岩本義行打擊率零點二七四，第三名是隊友的中島治康零點二六一，第四名爲阪急的山田傳零點二五〇，吳昌征的零點二八六依舊是當年度最出色的打擊表現。此外，吳昌征爲球隊跑回六十五分也是當年度最佳。

一九四三年，吳昌征將他本名吳波改爲吳昌征，打擊表現依舊亮眼，以剛好三成的打擊率蟬聯打擊王寶座，大幅領先第二名阪急的山田傳的零點二七二，巨人隊也獲得五連霸。此時戰事的影響日漸擴大，賽程大爲縮減，全年度每隊只打八十四場，吳昌征依舊全勤出賽。吳昌征不僅是打擊王，八十九支安打也是聯盟最多

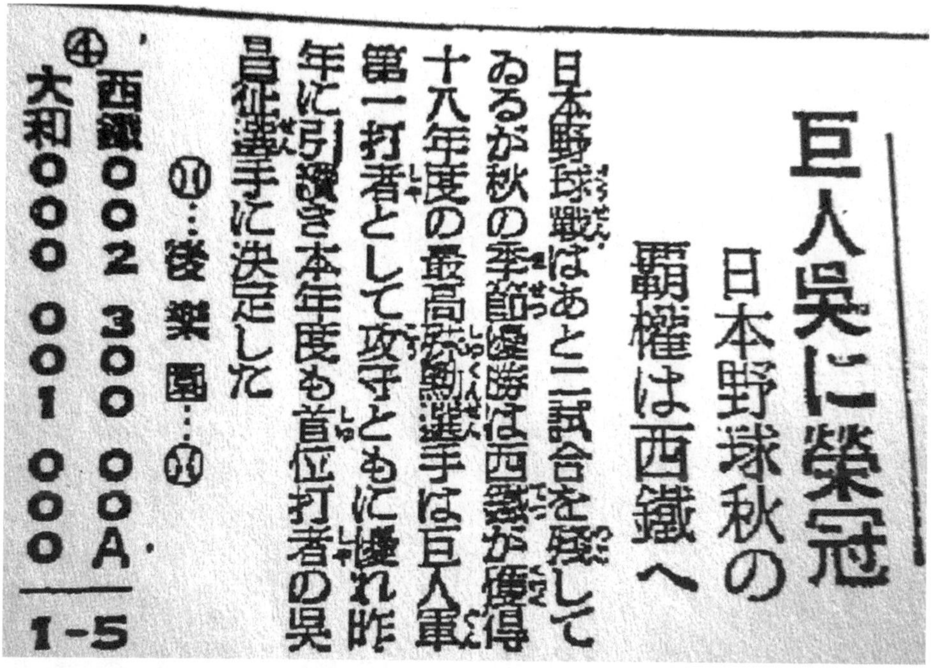

巨人吳に榮冠

日本野球秋の

霸權は西鐵へ

日本野球職はあと二試合を殘してゐるが秋の季節優勝は西鐵が獲得十八年度の最高殊勲選手は巨人軍第一打者として攻守ともに優れ昨年に引續き本年度も首位打者の吳昌征選手に決定した

後樂園

④	西鐵	002	300	00A	
	大和	000	001	000	1-5

吳昌征榮獲一九四三年年度MVP。《讀賣新聞》一九四三年十一月七日。

（不過當時日職尚未設立安打王獎項），六十八分得點也是最高，並獲得八十六次保送也是全聯盟最高，可以說是吳昌征職棒生涯的高峰。吳昌征也創下連續盜壘成功二十九次，直到一九六四年五月二十八日，由南海隊的廣瀨叔功所打破。在巨人隊的最後一年，吳昌征大爆發，不僅蟬聯打擊王寶座，更首度獲得年度MVP最有價值球員獎。而吳昌征加入巨人隊的此時也是巨人隊的第一次黃金時代，一九三九至一九四三年五連霸。

轉隊至阪神隊（大阪タイガース）

日本職棒的發展進入一九四〇年代後，也深受當時戰事的影響，比賽場次大幅減少，比賽用具也受到限制，棒球術語不准使用外來語，更重要的是許多選手都受徵召而上前線，有多位在戰場上犧牲的選手，例如投手獎最高榮譽的「澤村賞」，就是爲了紀念在戰爭中犧牲的巨人隊澤村榮治投手。

吳昌征雖然在一九四二與四三兩年有著出色的表現，但是外在的環境讓職棒選手感到強烈的不安定感。多位隊友上戰場出征，除了受傷，更有隊友直接在戰場上陣亡。吳昌征因爲他台灣人的身分，所以沒有受到徵召。在贏得一九四三年的年度MVP與打擊王之後，吳昌征退出職棒界，從巨人球團領得一千五百圓的退職金到神島化學株式會社工作。神島化學株式會社目前在日本也是頗具規模的公司，吳昌征工作時的社長宮原清（一八八二至一九六三），大學時曾擔任慶應大學棒球隊的隊長，一九〇三年的「第一回早慶戰」是隊上四棒的中心打者，之後自行創業設立神島株式會社。吳昌征接受社長的勸說，再度回到職棒圈，並將吳昌征介紹給阪神球團代表富樫興，所以吳昌征之後加入了阪神隊。而吳昌征生命中的貴人宮原清在事業上的成功，也沒讓他忘記棒球，一九四九年他曾擔任「日本社會人野球協會」（「日本野球連盟」的前身）的初任會長，也是「アジア野球連盟」（亞洲棒球聯盟）會長，由於他對棒球的貢獻，在他去世後隔年一九六四年被選入日本野球殿堂。

一九四四年夏季吳昌征披上阪神隊的球衣，並一直打到一九四九年。一九四四年日職的環境更加艱困，「日本野球連盟」改稱爲「日本野球報國會」，西鐵與大和兩支球隊解散了，此時賽程大幅縮減，每隊只須出賽三十五場，七月一日吳昌征以第五棒右外野手身分首次在阪神隊登場，但球季在八月三十日就結束，吳昌征是球季中才加入，因此只出賽二十場，打擊率也維持在零點二九七，雖然出賽場次上吃虧了，吳昌征依舊以十九次盜壘成功與嘉農學弟吳新亨（巨人隊）共同贏得盜壘王的頭銜。

一九四四年的賽季已經是很勉強的支撐了，選手戴著軍用帽子，還要躲避空襲，吳昌征在此情境下比賽，並得到當年的盜壘王。到了一九四五年，就直接停賽。阪神隊雖然在一九四五年一月一日至五日自行舉辦「正月野球大會」，但這不算日職正式比賽，吳昌征在正月野球大會以投手身分上場，一、二、四、與五日皆上場先發投球，且都獲勝。正月野球大會結束後，停賽期間吳昌征到母企業阪神電鐵農業部工作，他率領神戶市的甲陽中學生在甲子園棒球場種番薯，吳昌征因爲嘉義農林學校畢業，成爲現場種植的監督。

在戰事即將結束前，一九四五年八月五日夜晚美軍開始轟炸關西地區，吳昌征也在美軍轟炸兵庫縣西宮市時，左腳被炸傷。目前並無相關資料顯示這次的炸傷對日後表現是否有影響，戰後，吳昌征在盜壘與外野手備依舊是相當出色。甲陽中學畢業生塩見昭一回憶曾經在一九四五年時，被派到甲子園工作，球場看過吳昌征跑壘，到二○○四年時仍記憶猶新。塩見還記得他開口問吳昌征：「請問你是吳昌征嗎？」，吳昌征還害羞的回答：「哦！你認得我啊！」。相隔六十年，塩見仍舊記得戴著草帽略帶害羞的吳昌征。

日本戰敗後，美軍開始進駐日本，包括各球場，不久，日本職棒界人士向美軍情商，希望被美軍駐守的後樂園、甲子園與神宮球場能夠恢復爲比賽場地，在麥克阿瑟同意下，一九四五年十一月二十二與二十三日在神宮球場舉行了東西明星對抗賽，這是戰後日本職棒復興的第一步，代表西軍出賽的吳昌征，擔任第一棒開路先鋒的任務。

投出戰後首場無安打、無得分比賽

吳昌征在嘉農時代雖然也擔任過投手，但是在加入日本職棒後已經是專任的外野手，擔任投手工作只有在巨人隊時一九四〇年時一場，還有一九四五年「正月野球大會」。但多位選手在二次大戰中喪生或是受傷，職棒各隊在戰後初期都爲吃緊的戰力傷透腦筋。目前日本職棒一個球團選手約七十人，若包含未登錄與所謂的「育成」的選手在內，一般都近百人，難以想像戰後阪神球團登錄的選手只有二十六人，其中投手只有六人來應付整個球季的比賽。

吳昌征在這樣的背景下，職棒球季開始的第二天四月二十八日，這天是阪神隊的開幕戰，在藤村富美男總教練突發奇想下，讓吳昌征擔任先發投手，對手是阪急隊。在九千三百三十二名觀衆自家西宮主球場上，吳昌征面對三十七名打者，交出被擊出九支安打，失一分完投勝的好成績，這是吳昌征在日職官方紀錄的第一勝，投球內容讓藤村總教練十分滿意，因此將吳昌征列入先發投手名單內。

昭和二十一年（一九四六）六月十六日，在主場西宮球場七千一百二十六名觀衆前，吳昌征又創造了一次驚奇。戰前的盜壘王、打擊王吳昌征用了一百二十二球，面對セネタース隊（參議員隊，北海道火腿隊前身，創立於一九四六年）三十名打者，只花了約八十三分鐘就投出日職戰後第一場無安打、無得分的比賽。參議員隊雖不是強隊，但能夠讓陣中的大下弘、飯島滋彌等打擊高手無法擊出任何安打，實在非常不易。在《日本プロ野球記錄大全集》書中九十四頁，對這場戰後第一場無安打、無得分的比賽有著詳實的紀錄（表2-1-1）：

這場比賽前八局是投手戰，到第八局結束時，阪神僅以二比〇領先，但在九局上，阪神一口氣得九分，最終以十一比〇贏得比賽，或許九局上隊友打太久了，吳昌征在九局下連投兩個保送，還好吳昌征自己穩定下來，創造了戰後日職的第一場無安打、無得分比賽。這也是阪神隊史上第二場無安打、無得分比賽，第一場是一九四〇年八月三日在中國大連滿俱球場，由三輪八郎選手以一比〇贏巨人隊，不過這場是在中國大連舉行，吳昌征這場則是在日本本土投出。這場勝投是吳昌征此球季第六勝，吳昌征在球季開打兩個月後為六勝二敗。

一九四六年的球季，吳昌征共出賽一百零一場，以投手身分出賽時，吳昌征打第九棒，若不登板投球，則以中外野手打第一棒。這一年以投手身分出賽有二十七場，十六場完投，投球局數一百八十一又三分之一局，共拿下十四勝六敗的優異成績，包含兩場完封，防禦率三點〇三。作為打擊者也留下打擊率零點二九〇（排名十五）的好成績，在現今分工精細的職棒界來看，這眞是不可思議的成績，可以說是野手與投手兩項都有出色的發揮。

感到遺憾的是，因為戰後物資的缺乏，以及新聞媒體需要報導各種社會現象與傳遞資訊，所以戰後初期對於職棒的報導篇幅很小，即使吳昌征投出戰後首場無安打、無得分的比賽，新聞報紙也沒有大幅報導。

表2-1-1 吳昌征投出無安打無得分比賽投球內容

	第一位打者	第二位打者	第三位打者	第四位打者
第一局	一言多十：二壘滾地球	横澤七郎：捕手前高飛球	飯島滋彌：游擊滾地球	
第二局	大下弘：二壘滾地球	白木義一郎：二壘滾地球	長持榮吉：投手前滾地球	
第三局	宮下義雄：三振	松永英一：投手前飛球	石原光男：中外野方向高飛球	
第四局	一言：三壘方向滾地球	横澤：保送	飯島：游擊滾地球造成雙殺	
第五局	大下：三振	白木：三壘方向高飛球	長持：投手方向滾地球	
第六局	宮下：游擊方向平飛球	松永：中外野方向高飛球	石原：三振	
第七局	一言：右外野高飛球	横澤：保送	飯島：捕手方向高飛球	大下：三振
第八局	白木：左外野高飛球	長持：保送	黑尾：三振	松永：球手前滾地球
第九局	上口：保送	鈴木：保送	横澤：打擊時上口二壘被吳昌征牽制出局，横澤：右外野高飛球	飯島：游擊滾地球將鈴木封殺二壘前

《日本プロ野球記錄大全集》，頁九四。

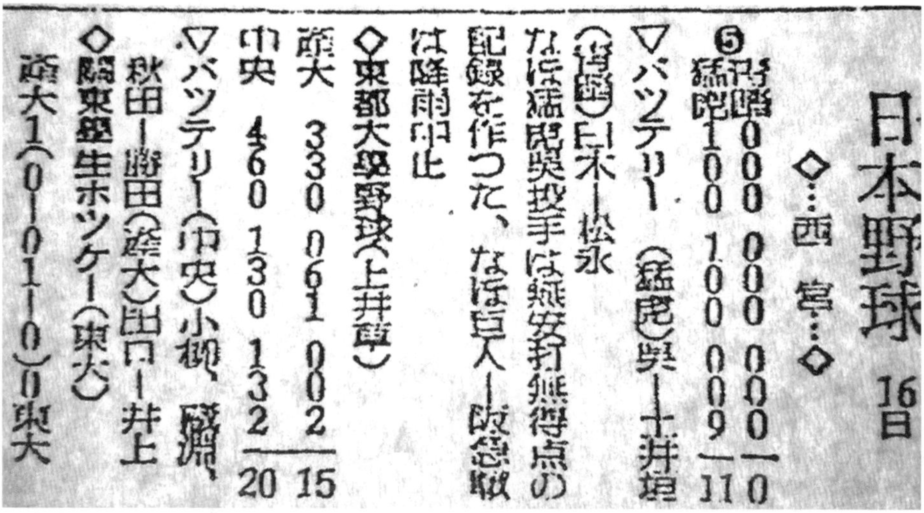

日本野球 16日

◇…西 宮…◇

⑤ [illegible] 000 000 000—0
猛虎 100 100 009—11

▽バッテリー (猛虎)吳—土井垣 ([illegible])白木—松永

なほ猛虎吳投手は無安打無得点の記録を作つた、なほ巨人—阪急戦は降雨中止

◇東都大學野球(上井草)

專大 330 061 002—15
中央 460 130 132—20

▽バッテリー (中央)小椋、[illegible]、秋田—勝田(專大)出口—井上

◇關東學生ホッケー(東大)

專大1(0—0、1—0)0東大

吳昌征無安打無失分報導。《讀賣新聞》，一九四六年六月十七日。

加入每日獵戶星隊

一九五〇年吳昌征加盟新的球隊，這是吳昌征加盟的第三支職業球隊，與巨人、阪神隊不同，這是一支剛成立的球隊，而且來自新成立的太平洋聯盟。吳昌征在一九四九年的球季表現不若前幾年，打擊率零點二二三，先發位置受到了挑戰。而這一年也是日本職棒發展非常關鍵的一年，因爲這一年決定了現在日本職棒兩個聯盟的型態。而吳昌征所加入的每日獵戶星隊的母體企業每日新聞社就是最積極想加入職棒的企業。每日新聞社從戰前就積極主辦各項運動賽事，例如春季甲子園大賽，我們回顧吳昌征二十年的職棒歲月，從職棒草創時期，同時是戰爭時期，好不容易戰爭結束，職棒重新開打，此時職棒聯盟又有新的紛爭，在此有必要理解當時由單一聯盟走向中央與太平洋兩個聯盟的背景，更能體會如果是當時的職棒選手會有多擔心自己的舞台是否還存在。

由單一走向兩聯盟背景可以遠推至戰後一九四六年日職逐漸受到歡迎，當時的明仁太子曾於一九四七年十一月九日至後樂園球場觀賞金星與東急之戰，有了日本皇室的「加持」，提升了職棒在日本社會上的地位。即使票價從一九四六年的六圓漲到七至三十圓不等，觀衆人數依舊成長了一百多萬（從一百五十六萬一千一百六十五人增加至二百八十六萬一千一百二十六人）。鑑於日職的廣受歡迎，因此某些相關人士向正力松太郎[3]建議應開放新球隊進入職棒，使日職賽事能普及於日本各地。當時正力松太郎因任公職，尚未發表意見，但巨人隊的母企業讀賣新聞社持反對的意見，此外每日新聞社一直想組織職棒隊，讀賣新聞社反對每日新聞社以組織職棒隊增強它在新聞業界上的競爭力。到了一九四八年日職觀衆人數突破了四百萬人，因此更加熱烈討論開放新球團加入之可能性。

當時反對最力的是讀賣新聞社副社長安田壓司，他擔心新球團的加入會拉低觀衆人數，而巨人與阪神對戰早已是職棒的黃金對戰組合，吸引了滿場的觀衆，因此開放將會得不償失。一九四七年九月二十九日起連續三天，聯盟針對是否開放新球隊加入進行三天的討論。現有八支球隊中，巨人、中日與太陽隊三隊反對，阪神、南海、阪急、大映（金星）與東急五隊贊成。但後來阪神轉到反對這方，形成四比

3 正力松太郎（一八八五－一九六九）被稱爲「日本職棒之父」，一九二四年買下讀賣新聞的經營權，擔任社長，一九三四年成立「大日本東京野球俱樂部」也就是後來的巨人隊。一九四五年十二月的東京審判上，被列爲A級戰犯，一九四七年獲得釋放。一九五二年擔任日本電視台社長。正力與第十五任台灣總督南弘是熟識，同爲富山縣人。

四的情況，這是聯盟成立以來首度出現分裂的危機。在此重要時刻，正力松太郎說明他當初成立職棒聯盟即以美國職棒兩個聯盟爲範本，只是戰前日本狀況還不能夠成立兩個聯盟，他建議以每日新聞社爲中心再成立一個聯盟。這是爲了日職的發展，正力強調要讓日職更健全兩個聯盟的成立是必須，再增加四支球隊，每個聯盟六支球隊，是正力對當時重大爭議的看法。

一九四九年六月十二日，傳統巨人與阪神的對決，在甲子園球場吸引五萬五千二百九十一人進場，門票收入高達一百六十二萬八千二百四十日圓，促使每日新聞社、近鐵、西日本新聞社、星野組、大洋漁業與廣島六隊申請加入職棒聯盟。十一月二十六日，聯盟決定解散現有單一聯盟，下午一點，每日新聞社隨即宣布南海、阪急、大映與東急四支球團成立太平洋聯盟，並追認每日、西鐵與近鐵三支球團。太平洋聯盟認爲他們是「屹立在國際視野上的職業棒球，所以取名爲太平洋聯盟」。中央聯盟到十二月一日，由太陽隊發起，有大洋漁業、西日本與廣島加入，一九五〇年一月增加了國鐵隊，中央聯盟有了八支球隊：讀賣巨人、阪神老虎、中日龍、松竹隊、廣島鯉魚、國鐵燕子、大洋鯨、西日本海盜隊。

在太平洋聯盟中，只有每日隊與近鐵隊是新球隊，其他大多是以某球隊爲主體的球隊，由於新球隊需要實力突出的球員助陣，每日隊就挖了多位阪神的主力球員，因此吳昌征從一九五〇年起轉隊到每日オリオンズ（每日獵戶星隊，簡稱每日），現在千葉羅德隊的前身之一[4]）。每日隊挖走多位吳昌征、若林忠志、別當薰、土井垣武等多位阪神的主力球員，這些轉隊的球員也成為球隊主力先發。可以想見阪神主力選手離開後，阪神在新球季戰績是不佳的。

這是吳昌征加入的第三支球隊，轉入每日隊後，打擊率零點三二四在太平洋聯盟排名第四，全壘打產量向來不多，一個球季大概打出一兩支全壘打的吳昌征（選手生涯總共二十一支全壘打），意外的在一九五〇年的球季轟出七支全壘打，並且在一九五〇年十一月二十三日，首次兩聯盟的總冠軍賽第二戰中，吳昌征首局在一人出局後，瞄準松竹隊江田投手的直球，擊出右外野方向陽春全壘打，這也是兩聯盟時代第一支總冠軍比賽的全壘打，幫助球隊以五比一得勝，最後每日隊也贏得兩聯盟成立以來首次冠軍。

而在此一個大意外則是嘉農時代的隊友奧田元、今久留主淳（一九一九至一九八六）與弟弟今久留主功也在一九五〇年同時加入每日隊，今久留主淳打不滿一個球季，八月初就被交易至西鐵隊，奧田元也於一九五一年十二月交易至近鐵隊。吳昌征一九五四年以後，先發的場次逐漸減少，常常是代打上場，一場比賽大概就一兩個打席，此時吳昌征已經接近四十歲了。一九五五年的球季吳昌征零點三二九的打擊率是選手生涯最後一次超過三成的打擊率。

4 吳昌征一九五七年引退這一年，球季結束後每日隊也與大映隊合併，一九五八年起改名為每日大映オリオンズ，成為現在千葉羅德馬林魚隊的前身。

在一九五六年球季結束後，十二月二十八日每日隊公布了明年球季的教練團陣容，吳昌征擔任「外野部主任」，預計是準備迎向退役的日子了。最後一個球季，吳昌征以零點二九三的打擊率告別了征戰二十年的日本職棒，同時吳昌征也是日職第一位在球場馳騁滿二十年的職棒選手。

創下連續十六場得分紀錄

吳昌征退役時尚有兩項超高難度紀錄留待其他選手突破。一九四三年曾創下連續二十九次盜壘成功的紀錄，直到一九六四年五月二十八日，由當時南海隊的廣瀨叔功更新。吳昌征在轉到每日隊後，一九五〇年五月十五日至六月二十一日，創下連續十六場得分紀錄。直到二〇〇一年八月二十七日才由當時日本火腿的小笠原道大打破，吳昌征創下的這兩項紀錄，分別高懸二十一與五十一年，可見難度之高。

到二〇一三年球季結束爲止，吳昌征仍有三項紀錄在歷代選手中排名前四十，八十一支三壘打，排名第六，盜壘三百八十一次，排名第九，獲得保送次數八百一十八次，是三十五名。三壘打與盜壘的紀錄都是需要速度才能達成，根據《聯合報》記者周大友的報導，吳昌征跑四個壘包的速度是十三點八秒，「人間機關車」絕非浪得虛名。當然吳昌征場上的拚勁，即使身體不適，例如吳昌征在一九三七年十月六日出戰名古屋軍，即使已經發高燒超過三十九度，依舊活躍於場上貢獻出二支安打，球賽結束後才由鈴木領隊帶到診所就醫。

受到球迷的認同

除了例行賽和總冠軍戰，能夠參加明星賽也是對職棒選手的肯定。日職早期的明星賽（東西對抗賽）並非由職棒聯盟主辦，巨人隊的母體讀賣新聞社與朝日新聞社都曾主辦，特別是後者成了現在日職明星賽的前身。日職進入第二年一九三七年，朝日新聞社主辦了「第一回オール・スター東西對抗賽」（第一屆全明星東西對抗賽），參加的選手剛開始由教練推薦，戰前吳昌征也在總教練藤本定義推薦下參加了一九四一年第五回的明星賽。吳昌征第二次參加則是日本戰敗後三個月一九四五年十一月的第九回明星賽，不過已經是代表西軍的身分出賽了。

職棒若要蓬勃發展，當然「球星」是不可缺少的。因此到了一九四六年主辦單位「東京タイムス」決定讓明星賽出場的選手由觀眾以明信片票選決定，再加上數名由總教練推薦的選手。這樣職棒界有了新的話題，也能夠逐漸產生「球星」，不僅僅只是振奮日本職棒圈，也是讓戰敗的日本民眾有生活上的新趣味。票選結果吳昌征以二萬六千四百九十二票入選西軍外野手出場選手，觀眾動員數讓主辦單位十分滿意，因此票選制度繼續施行，翌年吳昌征以一萬四千二百五十五票獲得中外野手最高票出場第十回的明星賽。

引退後的生活

一九五七年自每日隊退役後，在別當薰總教練的邀請下吳昌征留在母隊當教練，之後轉爲球探，當時日本職棒各隊仍在虧損的狀態，各球團正努力在日本各地尋找有潛力又不必讓球團付出高額簽約金的高中選手，這項工作時間自由，後來吳昌征辭去球探工作，完全離開職棒圈。

吳昌征在引退後曾於一九五八與一九六六年回到台灣擔任巡迴講座教練，一九五八年十月時，吳昌征已經超過二十年沒到台灣，此次是應棒球協會之邀，到台灣各地擔任巡迴指導棒球技術，在台北十天，高雄三天。十二月五日再度回到日本。一九七九年十一月為了母校的六十週年校慶，吳昌征受邀參加並演講，不過吳昌征回台當時並沒有相關的報導，資料十分欠缺。

退役後吳昌征申請入日本籍，從妻姓為石井昌征，七〇年代職棒電視轉播普及，且開始有彩色電視機，吳昌征也與家人一起觀賞棒球比賽轉播過著含飴弄孫的優閒生活。吳昌征退役後身體一直很健朗，但自從一次家中跌倒後，身體狀況就大不如前，一九八七年六月七日晚上十一點，吳昌征因心臟衰竭在家中去世。

生涯總成績與遲來的榮譽

吳昌征在日本職棒從一九三七至一九五七年總共奮鬥了二十年，是首位在日本職棒超過二十年的選手。入選棒球名人堂（日本稱為野球殿堂，一九五九年設立），是對選手生涯的一大肯定。

吳昌征入選名人堂過程並不順利。在一九九五年之前，吳昌征已經多次獲得提名，一九六三年得十四票，一九六四年獲得六票，一九六五年七票，儘管連續三年都獲得提名，但是票數不足，所以皆無法獲得表揚。經過一段很長的時間，吳昌

日本野球殿堂。筆者攝於二〇一三年九月二十一日。

征似乎被遺忘了，直到一九九三年一月二十九日在「野球博物館」內的「特別表彰委員會」委員決議本年度沒有任一選手入選名人堂，即使是票數最多的三人吳昌征、中尾碩志與廣岡知男在第二回合投票都未達十一票，因此三人都無法入選。與吳昌征同時代的著名選手，幾乎都入選名人堂了，就只剩吳昌征尚未入選。終於在一九九五年二月三日，委員會十四人終於票選出吳昌征與村上實兩位進入名人堂，距離他首次被提名已經三十二年了。

吳昌征生前已經歸化入日本國籍，姓氏改爲妻子的姓氏成爲石井昌征（ishii masayuki，昌征的日語發音也不同了），所以入選野球殿堂時也已經是日本籍了。過去曾報導吳昌征是第一位以台灣人身分入選日本職棒名人堂，但嚴格說來應該是第一位以台灣出身的選手進入名人堂。票選委員認爲吳昌征入選名人堂理由：在巨人、阪神與每日三支球隊共長達二十年的球季，速度快讓他獲得「人間機關車」的美譽，職棒生涯總共累積三百八十一次盜壘成功，是第八名（到一九九五年止），獲得兩次打擊王、一次盜壘王、在一九四六年曾投出無安打、無得分的比賽，並在同年度投出十四勝六敗的佳績。

根據巨人隊的球員年鑑，身高一六八公分左投左打的吳昌征，征戰了日本職棒二十年，不僅是台灣人加入日職的第一人，也是打職棒最久的選手。筆者也搜尋了吳昌征的影片檔，youtube上有吳昌征的非常稀有的影片（http://www.youtube.com/watch?v=uIL6dU3uyDY），雖然只有十多秒鐘，但已是彌足珍貴了。

吳昌征入選野球殿堂。林瑛琪攝於野球殿堂博物館，二〇一三年九月二十一日。

每日隊時期的吳昌征。《ベースボール・マガジン》一九五三年九月九日號，頁一三。

吳昌征相關統計資料

表2-1-2　吳昌征甲子園出賽打擊成績

時間	出場數	打數	安打	打擊率	三振	保送	盜壘	失誤
一九三三年八月	一	四	一	零點二五〇	一	〇	〇	二
一九三五年三月	一	〇	〇	〇	〇	四（含一觸身球）	〇	〇
一九三五年八月	二	八	一	零點一二五	一	一	一	〇
一九三六年八月	二	七	二	零點二八六	一	二	四	一

《昭和九年運動年鑑》，頁八七；《昭和十一年運動年鑑》，頁七三；《昭和十二年運動年鑑》，頁七八。台灣棒球維基館，http://twbsball.dils.tku.edu.tw/wiki/index.php?title=首頁。

表2-1-3　吳昌征甲子園出賽投球成績

時間	交戰對伍	局數	被擊出安打	三振	保送	失分
一九三三年八月	松山中學	七又三分之一	九	五	二	六
一九三五年三月	浦和中學	六又三分之一	三	二	十六	十一

《台灣日日新報》，一九三五年四月一日，七版；《台灣日日新報》，一九三三年八月十七日，七版。台灣棒球維基館：http://twbsball.dils.tku.edu.tw/wiki/index.php?title=首頁。

表2-1-4 吳昌征職棒生涯歷年打擊紀錄

時間	出賽場次	打席	打數	打擊率	安打	二壘打	三壘打	全壘打	得分	打點	三振	保送	盜壘	雙殺打
一九三七 春季	五十五	二百五十五	一百九十四	○點二八九	五十六	五	八	○	三十六	十九	二十三	五十一	十八	○
一九三七 秋季	十九	五十九	五十五	○點三二七	十八	二	二	○	六	四	十二	四	四	○
一九三八 春季	三十二	一百一十六	八十一	○點二一○	十七	○	二	○	十七	七	十五	二十九	九	○
一九三八 秋季	五	十三	十一	○點二七三	三	○	○	○	一	○	二	二	○	○
一九三九	四十九	四十八	四十三	○點一六三	七	二	○	○	十三	一	十四	五	二	○
一九四○	九十一	三百一十六	二百六十九	○點一九七	五十三	七	六	二	四二	二十五	四十	三	十三	○
一九四一	八十五	三百三十六	二百六十五	○點二二三	五十九	六	五	一	四十三	三十	十九	五十八	十四	○
一九四二	一百○五	四百五十五	三百七十	○點二八六	一百○六	十一	十一	一	六十五	三十五	三十五	七十七	十九	○
一九四三	八十四	三百八十六	二百九十七	○點三○○	八十九	十二	四	二	六十八	二十	二十五	八十五	二十五	○
一九四四	二十	九十三	七十四	○點二九七	二十二	五	○	○	二十	三	七	十八	四十	○
一九四六	一百○一	四百五十	三百八十八	○點二九一	一百十三	十	七	一	七十八	三十二	二十五	五十四	三十五	○
一九四七	一百一十五	五百一十三	四百四十五	○點二六七	一百十九	十五	九	一	八十一	二十八	二十九	六十四	十四	○
一九四八	一百三十五	六百○六	五百二十七	○點二七七	一百四十六	十四	三	○	七十九	二十四	三十二	七十	二十九	○
一九四九	八十二	二百二十二	一百八四	○點二二三	四十一	六	一	○	三十一	十	十六	三十三	十八	○
一九五○	九十八	四百○七	三百六十一	○點三二四	一百十七	二十三	十一	七	八十九	四十五	三十六	四十二	十六	三
一九五一	一百○四	四百二十二	三百八十一	○點三○二	一百十五	十三	四	三	五十九	二十五	二十六	三十五	十八	○
一九五二	一百○八	三百二十	二百六十七	○點二五八	六十九	十三	二	一	四十一	二十七	二十	五十	十六	四
一九五三	一百○一	二百九十六	二百五十	○點二七二	六十八	五	三	○	四十七	十四	二十七	四十三	八	一
一九五四	八十九	一百三十八	一百一十五	○點二四三	二十八	五	二	一	十六	十	二十一	十九	八	○
一九五五	一百○七	一百九十三	一百六十七	○點三二九	五十五	二	○	一	三十三	二十三	十九	二十一	十三	一
一九五六	七十二	九十四	八十二	○點一五九	十三	二	○	○	六	四	十五	十	一	三
一九五七	四十三	五十一	四十一	○點二九三	十二	一	一	○	十一	三	七	九	一	○
通算	一千七百	五千七百八十九	四千八百六十七	○點二七二	一千三百二十六	一百五十九	八十八	二十一	八百八十	三百八十九	四百六十五	八百十八	三百八十一	十一

http://ja.wikipedia.org/wiki/吳昌征

表2-1-5　吳昌征職棒生涯歷年投手成績

年度	隊伍	出賽場次	勝投	敗投	防禦率	完投	完封	投球局數	打者數	被安打	保送	三振	失分	自責分	勝率
一九四〇	巨人	一	〇	〇	十一點五七	〇	〇	七	三十	八	二	三	九	九	〇點〇〇
一九四六	阪神	二十七	十四	六	三點〇三	十六	二	一百八十一又三分之一	七百五十七	一百七十二	六十五	六十三	七十一	六十一	〇點七〇〇
一九四七	〃	一	一	〇	〇點〇〇	一	〇	九	三十七	六	二	〇	一	〇	一點〇〇
一九四八	〃	一	〇	〇	十八點〇〇	〇	〇	三分之二	八	五	〇	〇	三	二	〇點〇〇
一九四九	〃	一	〇	一	四十五點〇〇	〇	〇	一	九	五	一	〇	五	五	〇點〇〇
生涯總和		三十一	十五	七	三點四八	十七	二	一百九十九	八百四十一	一百九十六	七十	六十六	八十九	七十七	〇點六八二

《日本プロ野球記錄大全集》，頁一九三七。

http://ja.wikipedia.org/wiki/吳昌征

讀賣巨人隊的誕生

提起日本職棒的球隊，幾乎都馬上想到巨人隊，巨人隊創立於一九三四年，剛成立時球隊名爲「大日本東京野球俱樂部」，一九三五年改爲現在所熟悉的「東京巨人隊」，隊名的改變與美國息息相關。一九三四年十二月二十六日讀賣新聞社社長正力松太郎成立了「大日本東京野球俱樂部」，這就是巨人隊的前身。一九三五年二月十四日開始前往美國六十三都市進行一百零九場比賽，當時對手「舊金山海豹隊」（小聯盟球隊，一九五七年球季後解散）的教練O'Doul認爲「大日本東京野球俱樂部」隊名太長，因此向球隊領隊鈴木惣太郎建議了「東京巨人」的簡短的隊名，回到日本，經過内部討論後，一九三六年日本職棒聯盟成立，球隊就以東京巨人隊爲名，直到一九四七年冠上母體企業名稱改爲讀賣巨人隊。而建議改名爲東京巨人隊的O'Doul，選手時代到成爲教練，共四次來日進行比賽交流，由於他對美日棒球交流貢獻，二〇〇二年進入日本棒球名人堂。

澤村榮治（一九一七至一九四四）與澤村賞

現在日本職棒投手獎項中，最高榮譽就是「澤村賞」，這是爲了紀念在戰前一九四四年不幸被美國潛水艇炸死的偉大投手澤村榮治。出生於三重縣宇治山田市（今伊勢市），高校時期在京都商就讀時，在甲子園與一九三四年出戰來訪的美國職棒球星組成的全美明星隊就有出色表現。一九三六年日本職棒成立時即加入巨人隊，就在九月二十五日對阪神投出日職史上第一場無安打、無得分的比賽。

隔年一九三七年投出二十四勝四敗，防禦率零點八一的驚人成績，他是當年度最多勝投，防禦率最低，同時也是勝率最高的投手。不過，在戰爭下，從一九三八年開始，澤村榮治接到政府三次的徵召上戰場，在戰場上常常投擲手榴彈讓他肩膀受傷，甚至左手被炸傷，雖然澤村期待自己由速球派投手轉爲以控球爲主的技巧派投手，但是到了一九四三年控球完全走樣，一勝難求。一九四四年球季開賽前遭到巨人解約，澤村原本想轉隊，當時的海南軍球團也有意網羅，但是鈴木惣太郎勸他應該以巨人爲唯一的球隊，所以澤村就這樣結束了他的職棒生涯。

澤村引退後，十月第三次受到政府徵召上戰場，十二月二日在屋久島西方海域遭到美國潛水艇炸死，年僅二十七歲。澤村職棒生涯六十三勝

澤村榮治入選野球殿堂。林瑛琪攝於野球殿堂博物館，二〇一三年九月二十一日。

二十二敗，六十五場完投，二十場完封，防禦率一點七四，是日本職棒初期最具代表性的投手。

一九四七年，巨人隊爲了紀念這位偉大的投手，除了他十四號「永久欠番」外，同年雜誌《熱球》企劃設立了「澤村榮治賞」，原本只是雜誌私自設立的獎賞，之後成爲聯盟公認的特別賞，並成爲投手的至高榮譽。至一九八一年爲止受獎者由記者投票選出，從一九八二年開始，設立了得獎的標準：（一）出場次數超過二十五場。（二）完投場次超過十場。（三）超過十五場勝投。（四）超過六成勝率。（五）超過二百局的局數。（六）奪三振超過一百五十次。（七）防禦率二點五〇以下。並改由「澤村賞選考委員會」委員選出，因此，愈能符合以上七項目獲獎機率就愈高。從得獎的標準來看，這是屬於先發投手的獎項。此外，澤村賞自設獎以來只限中央聯盟的投手，直到一九八九年才頒給太平洋聯盟的投手。

首位參加奧運的台灣選手——張星賢

張星賢是台灣最早參加奧運會的選手，但在台灣體育史相關書籍中卻少見到有關他的記載，二〇〇六年雷寅雄教授的〈第一位參加奧林匹克運動大會的台灣人——張星賢〉，還有專攻台灣體育史的台灣師範大學林玫君教授發表了〈太陽旗下的鐵人——張星賢的田徑世界〉與〈身體的競逐與身份的游移——台灣首位奧運選手張星賢的身份認同之形塑與糾葛〉。聯合報系記者蘇嘉祥於二〇〇八年出版《運動巨人張星賢——第一位參加奧運的台灣人》，張星賢參加奧運會的榮光更鉅細靡遺的考證出來。

張星賢的生平介紹

張星賢於明治四十三年（一九一〇）十月二日出生於現在台中市龍井區（文獻記載為台中市楠町三之六），是父親張啓明與母親陳葉的長子，下有兩個弟弟與妹妹，其堂弟張星健也是活躍於台灣文壇的文化人。張星賢在小學階段就讀台中公學校，透過學校舉行的運動會，開始接觸了田徑，並在運動場上有不錯的成績。在公學校四年級時，舉家搬遷至汕頭，並就讀台灣總督府設立的東瀛學校，在學校老師片瀨弘的啓發下，開啓了對足球的興趣。張星賢在汕頭的生活只有兩年。大正十四年（一九二五），張星賢考上台中州立台中商業學校（台中科技大學前身），這是奠定他田徑生涯的關鍵時期。

一九三〇年三月自台中商業學校畢業後，張星賢並沒有馬上找到工作，在家半年後，他找到了鐵道部台北工廠當一個倉庫管理員。鐵道部是當時一個對體育非常重視的公司，公司內有田徑、網球與棒球等多項運動組織。不過張星賢身爲一個倉庫管理員僅有三十六圓的月薪，難以購買相關運動器材。此時早稻田大學的前輩鼓勵張星賢到大學繼續就讀，可促使成績再提升。於是張星賢決定前往早稻田大學就讀，昭和六年（一九三一）一月前往東京，並順利考取早稻田大學，進入商學部就讀，也讓張星賢完成穿上印有W的運動服的夢想。

張星賢能夠進入早稻田大學就讀並持續在田徑場上出色的表現，楊肇嘉對張星賢的資助扮演了重要的角色，楊肇嘉經常將兩、三個月的生活費一次寄給張星賢，讓他不必煩惱生活費用。張星賢在早大的訓練更開啓了他參加奧運的旅程與日本田徑界良好的關係，日本戰前奧運會金牌得主織田幹雄與南部忠平都來自早稻田大學陸上競技部，張星賢與他們的友誼持續至戰後，一九八三年三月二十日台北市永樂獅子會頒獎給張星賢，織田幹雄來台祝賀老友獲獎。

張星賢一九三四年早大畢業後，選擇到了滿洲國的南滿洲鐵道株式會社[1]（通稱滿鐵）工作，擔任滿鐵地方部地方課員。當時的歷史氛圍下，日本政府一直鼓吹日本人民到滿洲國工作，所以包含殖民地台灣人被吸引前往滿洲國工作。滿鐵優渥的待遇與對體育活動的重視，讓張星賢自一九三五年四月到滿鐵，直到戰後一九四六年回台前都在滿鐵或是其子公司工作。到滿鐵工作後，張星賢就代表滿洲國參加體育競技。一九三七年十二月張星賢回台結婚，滿鐵服務七年之後，張星賢前往北京滿鐵的子公司華北交通株式會社工作。

一九四六年五月張星賢與他的家人從北京回到台灣，回台第一個工作是台中師專（台中教育大學前身）的訓導主任，但只爲期八個月。在回台後不久，張星賢即與王成章、游彌堅、謝東閔等人在一九四六年六月一日發起台灣省體育會，張星賢被推爲常務理事，積極籌劃第一屆台灣省運動會。張星賢也代表台中師專參加十月的第一屆的省運動會，台灣省體育會成立之後，一九四八年七月張星賢繼續與其他三十多位台灣田徑好手成立台灣省體育會田徑協會，這次由張星賢自己擔任會長，並親自設計會旗。不久離開教育界，之後在已故副總統謝東閔（當時爲合庫的理事

1 南滿洲鐵道株式會社成立於日俄戰爭後明治三十九年（一九〇六），直到一九四五年日本戰敗而結束。最盛期有八十多個相關企業。華北交通株式會社成立於昭和十四年（一九三九）四月十七日，員工約八萬人，大多從滿鐵或是北支鐵道從事員轉任。華北交通株式會社與滿鐵公司性質一致，都是屬日本國策會社。參閱《華北交通會社一覽》介紹。

長）的幫忙下，進入合作金庫工作。張星賢不僅關心田徑運動，也關心台灣的棒球發展，與翁海津、周義通、張江水發起合庫的棒球隊，獲得謝東閔、朱昭陽與謝國城等人的支持，張星賢自己也成爲十三名球員之一，也與著名的台灣文學作家龍瑛宗、張我軍曾是合庫同事。

一九四八年五月在上海舉行的第七屆全國全國運動會之後，張星賢正式高掛球鞋引退。也繼續將自己所學與經驗傳授給下一代選手，包括陳英郎，蘇文和、蔡登龍等傑出選手。台灣兩位在奧運會上田徑項目中奪牌的選手楊傳廣與紀政，張星賢也都曾給予指導，從五〇年代開始到六〇年代，張星賢也曾帶領台灣田徑選手到日本或是菲律賓進行友誼賽或是對抗賽進行交流。

張星賢與台灣文學大家龍瑛宗曾是合作金庫同事，龍瑛宗也曾在隨筆中提到一九八〇年八月二十八日他參加台南鹽份地帶文藝營，吳三連致詞時提及台灣後期武力抗日已經無望，只能在藝術與運動方面與日文一較長短，例如奧林匹克運動級的運動家張星賢，也因此讓龍瑛宗想起他這位合庫的老同事。一生與田徑結緣的張星賢於一九八九年三月十四日上午九點三十分去世，享年七十九歲。張星賢曾出版自傳《慾望、理想、人生——談我五十餘年的運動生涯》，只可惜台灣沒有任何圖書館收藏。

張星賢早期的田徑生涯

張星賢在專攻田徑之前，曾經接觸過足球與網球，最後選擇了田徑作爲他體育天賦的展示場。根據林玫君教授的研究，在張星賢的自傳《慾望、理想、人生——談我五十餘年的運動生涯》中，提及台中商業學校的體育老師檻村寅南與珠算簿記兼田徑部部長青木規矩男兩位老師是他田徑場上的啓蒙者，在當時雖然沒有專業的教練指導，張星賢依舊報名了昭和三年（一九二八）七月十四日舉行的「建功神社納奉競技大會」。張星賢參加了一千五百公尺與三級跳遠兩項，雖是初次參加三級跳遠比賽，卻是一鳴驚人以十三點一五公尺的成績獲得冠軍。

張星賢之後陸續在各大賽事持續發揮他驚人的天賦，一九二九年九月二十二與二十三兩日，張星賢參加「第十回全島陸上競技選手權大會」，這也是「第五回明治神宮體育大會[2]」在台灣的選拔賽，在台中市水源地競技場上舉行，張星賢三級跳遠的成績以十四點〇八公尺的成績獲得第一，並創下全日本（包含日本內地與它的殖民地）中等學校的紀錄。參加五項全能得分二千四百一十一點八六五得到第二名，張星賢因此代表台灣，與其他十名選手到日本參加「明治神宮體育大會」[3]。

2 明治神宮體育大會是「緬懷明治天皇德澤，及提升國民的體力與士氣，利用祭祀天皇的同時，舉行各項運動競技，將比賽成果奉獻給天皇」爲由，於十一月三日明治節前後舉行，爲使競技大會更加盛大，包含殖民地在內都會派選手參加，首屆於大正十三年（一九二四）年舉行，約有三千一百四十四名選手參加，第二屆更增至六千人，成了最大型的綜合運動會，內務省要台灣等殖民地參加明治神宮競技大會亦有政治上的意涵，亦即加強對日本殖民母國的歸屬與一體感。參閱林丁國，《觀念、組織與實踐－日治時期台灣體育運動之發展（一八九五—一九三七）》，頁一五一。

3 若翻閱日治時期的報紙，會發現日本對選手代表的地區並非以民族來區分日本選手、台灣選手、滿洲

「第十回全島陸上競技選手權大會」結束後六天，二十九日由台北高等學校（台灣師範大學前身）主辦的「第三回全島中等學校陸上競技大會」，可以說是張星賢的個人秀，徑賽四百公尺以五十八點四秒，二百公尺跨欄以二十九點二秒，八百公尺接力以一分四十秒八奪冠。田賽跳遠以六點三三公尺奪冠，跳高亞軍，張星賢並獲得個人獎項，在徑賽部分以十五點七五分獲得個人獎項殊榮。

明治神宮體育大會在戰前是日本最大的綜合性運動大會，是現今國民體育大會的前身，在當時能夠參加明治神宮大會對選手而言是一項至高的榮譽。十月十七日，張星賢與其他共十七名代表在文教局代表村僑昌二帶領下，在基隆港搭乘大和丸前往東京。張星賢參加了三級跳遠與跳遠兩項，雖然參加明治神宮運動大會成績並不佳，但對張星賢而言仍就是非常寶貴的經驗。

張星賢在台中商業學校三年級的暑假，剛好是日本撐竿跳與跳高的名將南部寬人來台工作，並在台中商業學校訓練，張星賢從南部寬人身上學到了許多跳躍的技巧與要領，讓張星賢獲益良多。隔年，三級跳名將南部忠平應邀來台參加講習會擔任講師，並分享了他參加奧運的心得感想，讓張星賢非常羨慕，也期望自己有一天能夠與南部忠平一樣穿上W（早稻田的拼音爲waseda）的運動服。與同班同學也

選手，而是以選手地域做區別，所以張星賢第一次代表台灣參加明治神宮體育大會其他十名代表台灣的選手其實都是住在台灣的日本人，同樣的道理，張星賢在早稻田大學就讀時，就是代表關東地區，在滿洲國工作時，就是代表滿洲。

是田徑好手的楊啓德一起苦練，楊啓德專攻三鐵（鐵餅、鉛球與鏈球）與張星賢專攻項目不同，曾是台灣多項紀錄的保持人。

張星賢參加大小比賽增加自己的實力，日治時期，除了官方主辦的比賽之外，邀請賽性質的「對抗賽」其實非常多，一九三〇年九月十四日在台中水源地運動場，張星賢參加了ＵＣＡ與イーグル第一屆對抗賽，張星賢參加了一百公尺、四百公尺、四百跨欄、四百公尺接力、跳遠、跳高與撐竿跳。成績分別爲一百公尺第三名、四百公尺以五十四點八秒獲得第一，跳遠以六點七二公尺獲得第一名，四百公尺跨欄得到第二名，撐竿跳獲得第三名，四百公尺接力賽以四十六秒獲得第一名，張星賢自台中商業學校畢業後成績仍是十分穩定。

在早稻田大學的田徑生涯

張星賢就讀早稻田大學後不久，馬上代表學校參加四月二十五、二十六兩日的「第七回關東陸上競技選手權大會」，跳遠以六點七〇公尺的成績獲得第二名。來到早稻田就讀，一個明顯的優點是高手雲集，同時各種賽事多。早稻田大學在戰前是日本奧運會選手的主力，包括拿下三級跳金牌的織田幹雄與南部忠雄都是早稻田出身，張星賢在此就讀能夠學習最新的技巧，與衆家好手一起練習，互相觀摩砥礪對選手來說是提升成績最佳的途徑。

早稻田大學與慶應大學的各項運動競技的對抗，在日本體壇都是大事，五月十日張星賢代表早大參加「第九回早慶對抗陸上競技會」，雙方三日決定參賽選手名單，張星賢參加四百公尺與四百公尺跨欄兩項，四百公尺以五十二秒多的成績獲得第三名，早大也以二十九比二十八一分之差贏得「早慶對抗」。《讀売新聞》記者川本信正分析早大一分險勝的關鍵在於四百公尺項目，張星賢應該被視爲早大獲勝的最大因素。這項賽事讓張星賢對自己專攻項目想法有了改變，原本張星賢想以三級跳與跳遠作爲取得參加奧運會的項目，但發現日本三級跳遠的人才濟濟，不僅有奧運金牌織田與南部，還有田島直人、大島鎌吉，加上四百公尺成績不錯，所以張星賢將自己專攻項目做了改變。此外五月三十至三十一日參加「第四回日本學生陸上競技選手權大會」，四百公尺跨欄以五十八秒四獲得第二，四百公尺跨欄是張星賢來到日本後主攻項目之一，能在如此重要賽事獲得亞軍，是張星賢的第一個勝利。

九月份新學期開始，九、十、十一月皆有大型賽事，也都有優異的成績，十一月的明治神宮體育大會，張星賢在分組預賽中以五十六秒八成績獲得分組第一並打破四百公尺跨欄的全日本紀錄，這是第二次破日本全國紀錄，可惜張星賢在決賽碰到第十個跨欄而跌倒，而他所創的全日本紀錄也在決賽中被來自明治大學的陸口正一以五十六秒二超越。

張星賢已經在日本的田徑界已有不錯的成績，例如一九三二年五月十四至十五日參加「第五回日本學生陸上競技選手權大會」，這也是參加洛杉磯奧運會的資格賽之一，參賽選手高達空前的八百八十六名，四百公尺以五十一秒三獲得第二，四百公尺跨欄也以五十七秒二獲得第二，比起準決賽五十八秒六的成績整整快了一秒四。

邁向奧運之路

關乎參加洛杉磯奧運會的日本選拔賽開始了，昭和七年（一九三二）四月二十四、二十九與三十日關東預選會是全日本參加奧運會的選拔比賽，張星賢在四百公尺以五十一秒四獲得第二名，在當時全日本紀錄擠不進前四名，所以尚未得到參賽資格，張星賢還有最後一次機會就是五月二十八與二十九日兩天的日本奧運田徑代表第二次選拔賽。在首日預賽中四百公尺以五十一秒獲得第一名，複賽時更跑出五十秒四佳績，隔日決賽以五十一秒四獲得第四名，二九日預選會結束後，晚上八點在東京會館馬上討論參加選手名單[4]，日本選出二十六名男子、九名女子田徑選手參加，張星賢以早大學生身分入選。原本以爲自己會落選，五月三十日報紙刊出的選手名單裡出現了張星賢的名字，讓他歡喜若狂。一九三二年五月三十日確定了張星賢成爲第一位參加奧運的台灣人。若按照實際成績，四百公尺跨欄張星賢的成績只能排第三，前兩名的日本選手卻沒能入選。

---

4 如果對照最後的選拔賽成績，筆者多少好奇四百公尺跨欄冠軍福井行雄（教師）以五十六秒成績平日本紀錄，第二名來自明治大學的陸口正一，成績五十七秒四，也都沒有進入奧運國手名單，若純粹以成績分析應該會入選奧運代表隊才是，但是沒有其他相關資料因此無法得知兩位沒能入選奧運代表選手的原因，所以筆者只是提出這個令人好奇的事情，陸口正一在各項賽事常得第一，也幾次破日本或平日本紀錄。

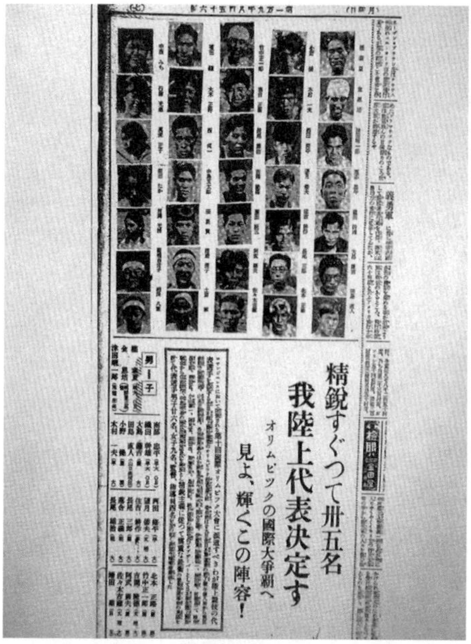

精鋭すぐつて卅五名
我陸上代表決定す
オリムピックの國際大爭覇へ
見よ、輝くこの陣容!

張星賢首次入選奧運代表隊。《讀賣新聞》，一九三二年五月三十日。

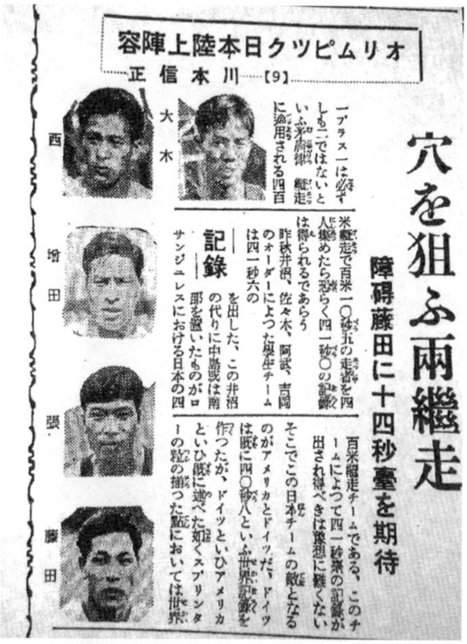

オリムピツク日本陸上陣容
正信本川【9】
穴を狙ふ兩繼走
障碍藤田に十四秒臺を期待

一プラス一は必ずしも二ではないといふ□□□則は繼走に適用される四百米繼走で百米一〇秒五の走者を四人集めたら恐らく四一秒〇の記錄は得られるであらう
昨秋井沼、佐々木、阿武、吉岡のオーダーによつた早大チームは四一秒六の
記錄
を出した、この井沼の代りに中島或は南部を置いたものがロサンジユレスにおける日本の四百米繼走チームである、このチームによつて四一秒臺の記錄が出され得べきは豫想に難くない
そこでこの日本チームの敵となるのがアメリカとドイツだ、ドイツは既に四〇秒八といふ世界記錄を作つたが、ドイツといひアメリカといひ既に述べた如くスプリンターの粒の揃つた點においては世界

大木
西
增田
張
藤田

奧運陣容分析。《讀賣新聞》，一九三二年六月八日。

六月二十三日，張星賢搭上「龍田丸」，離開橫濱港後，七月九日抵達洛杉磯。田徑隊抵達洛杉磯後，先下榻於日僑所經營的旅館，並馬上展開練習。十七日進駐選手村[5]。

七月九日，日本正式確定了田徑賽各項賽事的選手名單，張星賢代表日本出賽四百公尺、四百公尺跨欄、一千六百公尺接力三項（一千六百公尺接力日本提出五位選手名單，最後張星賢無法參加）。張星賢參加四百公尺跨欄與四百公尺，分別在第一與第五日舉行，二十七日主辦單位確定了田徑賽程與出場順序。

張星賢首場奧運的競賽——四百公尺跨欄預賽，終於在洛杉磯當地時間七月

5 從洛杉磯奧運會後，主辦單位必須設置選手村，洛杉磯奧運這一屆仍只限於男子選手，女子選手住在比賽場館附近的旅館。

張星賢四百公尺跨欄比賽。《第十回オリムピック畫報》。

三十一日下午二點三十分開始。原本日本田徑代表團計畫至南加大做最後賽前練習，但是因爲星期日做禮拜之故，並未開放，就前往附近的高中學校練習，當天交通混雜讓張星賢花在交通上時間太多，最後還是匆忙趕到比賽主場館。這是第一天第一個田徑比賽項目，按照英文姓氏的順序，張星賢被分配到A組的第二跑道與一九二四年巴黎奧運金牌得主美國的泰勒（F.M.Taylor）同一組。賽前泰勒親切的向張星賢握手，減輕了張星賢的緊張感，帶著二百八十一號的號碼牌，張星賢以五十七秒的成績在第一組五位選手中獲得第四名，與最佳成績五十六秒相比，並不理想。

此時第三位抵達終點的希臘選手曼迪卡斯（C.Mandikas）因爲踢倒三個欄架，大會宣布取消他的資格，由張星賢遞補第三名，經希臘隊抗議後，大會又宣布曼迪卡斯恢復第三名取得進入複賽資格。雖然四百公尺跨欄並非日本所期待的項目，但是作爲第一個比賽項目，張星賢是非常努力想要通過預賽進入複賽的，但根據當時規則踢倒欄架三個以內是規則允許的，所以張星賢第一個奧運比賽項目就在此判決下結束了。

八月四日當地下午二點三十分，張星賢參加第二項比賽四百公尺，有了之前的比賽經驗，張星賢參加第二項目的心情就稍微輕鬆了。張星賢被分配到E組第五跑道，張星賢一開始就全力衝刺，在前一百五十公尺中尚保持領先，但從三百公尺開始速度落後於其他選手，以五十一秒的成績得到分組預賽第五名。兩個項目的表現都遜於自己的最佳成績，張星賢認爲自己沒有與外國人比賽經驗，這次是很好的切磋機會。

奧運會結束後八月十七日，張星賢與隊友搭乘春洋丸離開，九月三日到達橫濱港，當時選手（以這屆日本爲例）參加奧運從六月下旬出發到九月初回到日本需時兩個半月，而現在奧運比賽，若是賽程排得比較晚的選手，常常是開幕典禮後才出發。所以在戰前，交通實在是影響選手參賽的重要因素，戰前兩次在美國舉行的奧運會都是參加選手較少的，因爲許多歐洲國家因路途遙遠而未與會，還有經濟大恐慌的影響，參賽國家與選手人數與不到前一屆在歐洲的阿姆斯特丹奧運的一半。（可參考表2-2-1）

表2-2-1 前十屆奧運會參賽國家與選手數

時間	地點	國家	人數	附註
第一屆（一八九六）四月六日至四月十四日	希臘雅典	十四	二百四十一	
第二屆（一九〇〇）五月十四日至十月二十八日	法國巴黎	二十四	九百九十七	1. 首次女運動員參加 2. 作爲法國萬國博覽會附屬的運動會
第三屆（一九〇四）七月一日至十一月二十三日	美國聖路易	十二	六百四十五	1. 首次獎牌分金、銀、銅三等級，獎牌造型也固定爲圓形，並配上緞帶 2. 同樣作爲博覽會的附屬運動會 3. 因交通不便之故，美國以外的選手不到一百人，而被揶揄爲美國運動會
第四屆（一九〇八）四月二十七日至十月三十一日	英國倫敦	二十二	二千零八	1. 確定馬拉松距離爲四十二點一九五公里 2. 首次公佈各國得獎統計表
第五屆（一九一二）五月五日至七月二十七日	瑞典斯德哥爾摩	二十八	二千四百零七	1. 首次制定高低不同的頒獎台，金牌選手站在最高處成爲日後的傳統 2. 增加藝術類競賽

時間	地點	國家	人數	附註
第六屆（一九一六）	德國柏林			因第一次大戰取消
第七屆（一九二〇）	比利時安特衛普	二十九	二千六百二十六	1. 奧運旗首次登場 2. 運動員宣誓 3. 「更快、更高、更強（Citius Altius Fortius）」成爲奧運格言 4. 首次施放和平鴿
第八屆（一九二四）	法國巴黎	四十四	三千零八十九	首次設置選手村
第九屆（一九二八）	荷蘭阿姆斯特丹	四十六	二千八百八十三	首次有廠商贊助（可口可樂之後成爲奧運固定贊助商）
第十屆（一九三二）	美國洛杉磯	三十七	一千三百三十二	正式設置選手村，之後的奧運會此成爲必要條件 中國首次參加奧運會（劉長春一位選手參加）
第十一屆	德國柏林	四十九	三千九百六十三	首次電視轉播的奧運

《世界奧運百科》，頁三〇至五〇，二四六；〈オリンピック関連年表〉，收於清水諭編，《オリンピック・スタディーズ―複数の経験・複数の政治》，頁i–xiv。

張星賢參賽的感想

張星賢將首次參加奧運的感想寫成了〈四百米障礙・四百米〉一文。文中一開始張星賢就對自己在船上喝醉上《東京日日新聞》一事感到不好意思，出發前一晚睡眠不足，觀衆瘋狂的歡送使得張星賢很興奮，但也因此感到疲憊，從橫濱出發後船上搖晃因此發生了喝醉酒的醜態。所幸在抵達夏威夷之前精神狀態已經恢復。在船上已經展開練習，但與其說是練習不如說是維持體力的要件。愉快的在夏威夷時每天早上十點做體操，下午三點開始練習。參加奧運的確很興奮但身體似乎也自然地緊張起來。到達洛杉磯以後田徑隊分爲長距離、短距離、投擲部門等各單位排出練習的時程表。比起日本，洛杉磯當地雨量較少土壤較硬練習時腳會痛，由於張星賢列入一千六百公尺接力賽的選手之一，他擔心跨欄比賽萬一受傷會影響接力賽，因此並非每天練習四百公尺跨欄。此外洛杉磯溫差大，白天高熱但到了晚上又覺得冷，別的選手只需蓋一條棉被，他需要加穿兩件衣服才行。

在奧運開幕前三、四日的練習張星賢的狀態並不佳，一百公尺跑十一秒五，與十天前在某所高中十一秒二相比很大的退步。張星賢休息了兩天讓狀態逐漸恢復。終於來到了奧運比賽之日，賽前隊長織田幹雄與山本領隊都對張星賢說：「這是日本隊的第一項比賽，同時也是奧運的第一項比賽，這關乎全隊士氣，請務必好好加油，順利的通過預賽。」

比賽前一晚張星賢並不特別緊張，心想只要盡全力跑即可，連對手是誰也不清楚。不過經過到達奧運主場館的交通不順後，心情就開始緊張起來。經過這次比賽，張星賢十分強調與外國選手比賽的重要性，同時也認為跨欄比賽，不論是二百或四百公尺都需要身材高大的選手。

讀賣新聞　昭和十一年五月二十六日　夕　（火曜日）

陸上代表決定す

ベルリン制覇めざして

堂々四十六名の肉彈

今朝に及ぶ十五時間の銓衡成る

コーチ役員に十三名

男子代表

女子代表

空·海·陸からの捜索も空し

張星賢第二次入選奧運代表隊。《讀賣新聞》，一九三六年五月二十六日。

第二次柏林奧運

張星賢不僅是參加奧運台灣第一人，而且參加了兩屆奧運。或許第二次參加奧運是代表滿洲國，張星賢參加奧運的報導幾乎消失在《台灣日日新聞》，完全沒有首次參加奧運比賽時的熱絡。一九三六年五月二十三與二十四兩日，張星賢代表滿洲國參加在東京舉行的奧運選拔賽，參加了四百公尺與跳遠兩項。四百公尺以五十秒二獲得第三名，五月二十四日晚上七點在丸之內旅館內討論田徑選手的最後名單，約十五小時的討論到翌日早上十點確定了四十六位選手（四十位男選手六位女選手）名單，張星賢以滿鐵職員身分入選，張星賢出發到柏林參加奧運時，大連也爲他舉行盛大的歡送會。

上次選手參加洛杉磯奧運花了兩個半月的時間，柏林奧運則是四個月。這次以火車爲交通工具，加上日本奧委會也想以邊移動邊訓練，在芬蘭進行練習比賽（芬蘭在田賽的成績十分出色，一直是日本田徑界學習的對象）。在《第十一回オリンピック大會報告書》（第十一屆奧運會報告書）中鉅細靡遺的說明了田徑隊從出發前到柏林，還有奧運參賽完後的完整行程（如表2-2-2）。田徑隊回程還分批至歐洲各國交流比賽，直到十月六日才抵達日本長崎港，參加一次奧運會來回花了四個月的時間。（參考表2-2-2）

一九三六年八月一日第十一屆奧運在德國柏林舉行，這是張星賢第二次參加奧運會，由希特勒主持開幕典禮，這是繼上屆的洛杉磯奧運會之後，再度在超過十萬人的主場館舉行開幕儀式。八月八日，張星賢與相原豐次、市原正雄、漥田博芳代表日本參加一千六百公尺接力預賽，張星賢跑第三棒，分組預賽第四名，在第一輪即被淘汰，也結束了張星賢所有的奧運旅程。張星賢之外，同樣來自殖民地的韓國選手孫基禎以二小時二十九分十九秒奪得男子馬拉松金牌。

表2-2-2　張星賢的柏林奧運行程

時間	行程
六月六日	1. 清晨七點東京出發至鎌倉的八幡宮祈願 2. 晚間七點在東京會館由體育協會與奧運後援會主辦的歡迎會
六月七日	1. 上午除了馬拉松團隊，所有田徑選手上午來到鎌倉的八幡宮，必勝的祈願。接著來到宮城前遙拜 2. 下午二點到明治神宮前參拜，回丸之內旅館小憩 3. 下午五點陸上競技聯盟主辦的歡送會，八點前往東京車站 4. 準備搭乘晚上九點東京車站前往下關急行火車，在乘車前接受日本民眾的歡送與祝福
六月八日	1. 在各站停車時接受各地民眾與相關人士送行 2. 晚上七點抵達下關，在山陽旅館參加山陽陸上競技協會主辦的歡送會 3. 晚上十點三十分，搭乘關釜聯絡船，前往釜山
六月九日	1. 到達釜山後，搭乘清晨七點火車前往京城（首爾） 2. 抵達京城後，馬上至朝鮮神宮參拜，稍事休息後前往京城競技場展開練習，並在京城夜宿一晚
六月十日	1. 參加朝鮮體育協會與京城市主辦的歡送午餐會 2. 下午三點搭乘火車前往滿洲國奉天（今瀋陽），到達奉天後，滿洲體育協會與奉天女學生獻花致意 3. 到滿鐵俱樂部享用午餐，接著參拜忠靈塔，到奉天國際競技場練習 4. 出發到新京（今長春），分宿三個旅館
六月十一日	1. 參拜神社、神宮、忠靈塔，接著拜訪關東軍司令部，晉見日本駐滿洲國大使植田 2. 官方拜見行程結束後至新公園競技場練習到傍晚結束 3. 晚上出席滿洲體育聯盟主辦的晚宴，宴會結束後離開新京[6]

6　《讀賣新聞》一九三六年六月十二日四版中則報導下午四點已搭乘火車前往新京。

時間	行程
六月十二日[7]	1. 清晨六點到達哈爾濱，受到運動界前輩伊地知、土井等人的歡迎 2. 下午三點在哈爾濱競技場練習，練習時下著小雨 3. 晚上七點出席哈爾濱市長主辦的歡送會
六月十三至十四日	在小學生的歡送中離開哈爾濱 十四日上午八點二十分國際列車前往赫爾辛基
六月十五日	1. 中午到達滿洲里，小憩後，前往滿洲里競技場練習 2. 搭乘前往莫斯科的國際列車
六月十六日	到達西伯利亞，選手在火車停車時間做些體操與跑步的練習
六月十七日	1. 到貝加爾湖一遊 2. 繼續行車，車上藉由棒球與其他輔助訓練器具做些簡單練習
六月十八日	繼續行車，整理各單位與民眾贈送的罐頭、糖果等食物，也做些體操與傳接球等練習
六月十九至二十一日	繼續行車
六月二十一日	1. 清晨四點抵達莫斯科舊車站 2. 與日本駐蘇聯使館聯繫不佳，直到早上十點才能吃到早餐 3. 早上十一點參觀克里姆林宮、紅場與列寧之墓 4. 下午三點開始練習 5. 晚上接受大使的款待，搭乘十一點離開莫斯科
六月二十三日	凌晨四點三十分搭乘聯絡船前往芬蘭赫爾辛基
六月二十四日	決定選手與工作人員的服裝款示以及起床、就寢、練習與用餐的時間
六月二十六日	1. 決定到達伯林選手村的時間爲七月二十日，並於十八日自赫爾辛基出發，並討論回程是否經印度洋 2. 聯絡到達柏林時運動場的練習場地等事宜

7 《讀賣新聞》一九三六年四月十四日四版中，將十二日行程報導爲十三日。

時間	行程
六月二十八日	慰勞長途跋涉的辛勞，日本駐芬蘭武官寺田招待選手遊赫爾辛基港內的島嶼
六月三十日	練習後觀賞芬蘭對丹麥的足球賽，賽後出席武官寺田的晚宴
七月一日	短距離與跳部選手到達赫爾辛基後，嚴苛練習後的休息日，晚上七點公使市川與武官寺田招待遊覽赫爾辛基灣
七月二日	1. 收到愛沙尼亞田徑聯盟的邀請，決定出賽選手。（由於比賽項目沒有張星賢參賽項目，故此項邀請賽張星賢未出賽） 2. 將選手狀況與計畫事項發電報給同盟通信
七月三日	1. 出席日芬協會主辦的茶會 2. 茶會結束後展開練習
七月五日	1. 發表在芬蘭各地比賽的名單，共分爲九組，張星賢在第二組 2. 東京日日新聞社記者拍攝選手練習情形
七月六日	清晨開始傾盆大雨，直到下午四點才放晴，不過此時選手或許產生了疲勞，對練習並不起勁，反而提議要改善選手的餐點內容，包括希望增加配菜與新鮮水果的選擇性，也期待能夠看電影，最後決定明天練習結束看日本尚未上映的卓別林的〈摩登時代〉
七月七日	1. 決定日本與德國田徑比賽終止 2. 赫爾辛基大學教授與學生贈送吉祥物
七月十日	十位選手搭乘飛機前往愛沙尼亞首都塔林比賽，比賽結束後參加晚宴
七月十一日	參賽選手上午九點搭飛機回到赫爾辛基
七月十二日	1. 由加賀教練決定接力賽參賽選手名單，此日爲芬蘭奧運會資格賽最後一天，選手到場觀摩比賽 2. 此時田徑隊員分別離開赫爾辛基到不同城市訓練比賽，僅少數留在赫爾辛基。張星賢與阿部搭乘晚間十一點火車前往比賽城市
七月十四日	下午五點三十分開始田徑對抗賽，張星賢參加一百公尺比賽，敗給芬蘭選手，跳遠奪冠，晚間十一點過後舉行頒獎儀式

時間	行程
七月十四至十六日	田徑隊分爲九組到芬蘭各地比賽，張星賢在第二組
七月十五日	1. 中午抵達恩索工廠（芬蘭最大製紙公司），並在工廠俱樂部小憩，下午六點三十分張星賢參加對抗賽，四百公尺成績超過五十一秒 2. 接獲歸程搭乘義大利籍船隻的通知
七月十六日	參觀恩索的紙漿工廠，早上十點搭乘火車回赫爾辛基
七月十七日	晚間參加市川公使的晚宴
七月十八日	搭船前往塔林，到達塔林後由森田的柏林大學同學招待塔林市內觀光
七月二十日	1. 到達德國斯塞新（Szczecin，現屬波蘭領土），市長與相關人員出迎 2. 早餐後下午一點四十分抵達柏林，搭乘軍用巴士抵達選手村
七月二十一日	展開練習，約一個半月能隨心所欲的吃到日本食物

《第十一回オリンピック大會報告書》，頁四二至四七。

輝煌的紀錄

張星賢除了前述代表早大參加各項比賽與奧運會之外，張星賢也參加了一九三四年的「極東オリムピック」（遠東奧運會，亞運會前身），還有諸多賽事張星賢都創下優異的成績（如表2-2-3）。張星賢早大畢業後在滿洲國工作，因此趁比賽的機會回到台灣，包括昭和十年（一九三五）一月二十七日在台北帝大運動場舉行，由「台灣陸上競技研究會」主辦的「張星賢選手歡迎陸上競技會」，也是「第一回全台灣陸上競技記錄會」，從早上九點三十分開場，只有一天賽程，集中了十五項競賽。張星賢在四百公尺跨欄以五十八秒一刷新台灣紀錄。

一九三五年是日本殖民台灣四十年，這一年台灣舉辦了「始政四十年台灣博覽會」，這是非常大型的活動，與此博覽會相關的體育活動非常多，包括十一月

十六、日起在台北、台中、台南三地舉行「滿鮮台三外地對抗賽」，由台灣好手與朝鮮及滿洲國的選手比賽。台灣派出十七名，滿洲派出十九名，朝鮮派出十五名選手參加。張星賢代表滿洲國參加神宮體育大會後，直接回台比賽。十六日首日賽程，張星賢三項賽事皆屈居亞軍。下午一點首先在台北帝大競技場舉行開幕點典禮，一百公尺成績十一秒三；跳遠以六點八七公尺敗給同樣代表滿洲的柴田良助的六點九〇公尺；第一天最後一項競賽四百公尺接力，滿洲以四十五秒二敗給朝鮮，同樣得第二。

第二天賽程第一項就是四百公尺，張星賢終於以五十二秒四得到第一，一千六百公尺接力滿洲隊以三分三十六秒六得到冠軍，兩日來共舉行十三項競技，滿洲七項競賽得到第一，根據當時得分規則，滿洲隊以總分五十六分奪冠。二十三日在台中故鄉的比賽，在熟悉的水源地競技場舉行，張星賢四百公尺以五十秒五獲得冠軍並刷新台灣紀錄，四百公尺接力獲得第二，一千六百公尺接力以三分二十九

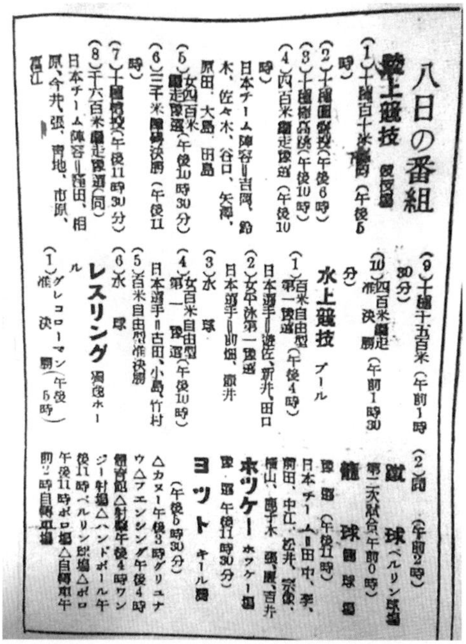
八日の番組
陸上競技 [illegible]
(1)十種百十米障害(午後5時)
(2)十種円盤投(午後6時)
(3)十種棒高跳(午後10時)
(4)四百米継走予選(午後10時)
日本チーム陣容＝吉岡、鈴木、佐々木、谷口、矢澤、原田、大島、田島
(5)女四百米継走予選(午後10時30分)
(6)三千米障害決勝(午後11時)
(7)十種槍投(午後11時30分)
(8)千六百米継走予選(同)
日本チーム陣容＝西田、相原、今井、張、青地、市原、富江
(9)十種千五百米(午前1時30分)
(10)四百米継走準決勝(午前1時30分)
水上競技 プール
(1)百米自由型第一予選(午後4時)
日本選手＝遊佐、新井、田口
(2)女平泳第一予選
日本選手＝前畑、[illegible]井
(3)水球
(4)女百米自由型第一予選(午後10時)
日本選手＝古田、小島、竹村
(5)百米自由型準決勝
(6)水球
レスリング 独逸ホール
(1)グレコローマン準決勝(午後5時)
(2)同 決勝(午前2時)
蹴球 ベルリン球場
第二次試合(午前0時)
籠球 [illegible]球場
[illegible](午後11時)
日本チーム＝田中、李、前田、中江、松井、[illegible]、横山、[illegible]、張、[illegible]、吉井
ホッケー ホッケー場
[illegible]午後11時30分)
ヨット キール湾
(午後5時30分)
△カヌー午後3時グリユナウ△フエンシング午後4時体育館△射撃午後4時ワンジー射撃場△ハンドボール午後11時ベルリン球場△ポロ午後11時ポロ場△自轉車午前2時自轉車場

柏林奧運會八月八日單日競賽賽程表。《台灣日日新報》，一九三六年八月八日。

張星賢參加「第八回明治神宮體育大會」。《第八回明治神宮體育大會寫眞帖》。

秒獲得第一，競賽之外，張星賢後來提到見到許久未見的親人，感到十分高興。

一九四二年滿洲國建國十週年時，舉辦了「日、滿、華」三國對抗賽，張星賢的工作轉至華北鐵道後，也參加了在濟南與太源舉行的「五地運動會」，包含了日本、滿州、朝鮮、華北與華中（此華中與華北是指日本扶植下的政權，並非中華民國統治的範圍）。張星賢一百公尺與跳遠兩項個人最佳成績都是在滿洲國所創下。

根據廖漢水教授的《田徑賽年鑑》，到一九六四年十二月一日爲止，張星賢在多項成績仍是歷代前十名的成績，包括一百公尺仍是第四名；四百公尺第七名；跳遠第三名；三級跳遠第九名與十項全能（舊式計分）第四名。

提攜後進

張星賢以他的專業知識繼續將他所學貢獻給田徑界，挖掘多位人才替台灣的田徑界注入新活力。一九六七年省運會張星賢發現兩位在三級跳遠項目中有潛力的新人，張星賢問了他們一百公尺的時間，兩位選手回答大約十二秒多，張星賢於是開罵：你們太懶了，懶得不像話。但張星賢不是只有開罵而已，之後更將自己所學傳授給陳明智與黃桂芳，他們分別獲得二、三名。

日本名古屋中京大學是台灣戰後田徑選手留學的主要學校，中京大學創辦人梅村清明，他的夫人渡邊澄子是與張星賢同時參加一九三二年洛杉磯奧運會的田徑隊的好友，所以張星賢推介的田徑選手到中京大學留學，中京大學都沒有異議，包括張文和、戴世然、林月香等人都是中京大學培養的田徑好手。

張星賢

運動家 南滿洲鐵道株式會社地方部地方課員

（現）大連市薩摩町南山寮

【經歷】本島カ生ンタ世界的ランニング選手トシテ令名ヲ謳カシテ居ル氏ハ明治四十三年十月二日臺中市楠町三ノ六ニ生ル張啓明ノ長男ナリ 昭和五年臺中州立臺中商業學校卒業後更ニ笈ヲ負フテ上京シ昭和六年早稲田大學專門部商科ニ入學 同九年同校ヲ卒業運動家トシテノ天分ニ富ミ在學中カラ幾多ノ競技大會ニ出場シテ新記錄ヲ造リ 昭和七年ニハ全世界若人ノ憧憬ヲ集メテ第十回國際オリンピック大會ニ四百米障碍競走竝ニ四百米競走選手トシテ出場シ 九年ニハ極東オリンピック大會ニ 十一年ニハ更ニ第十一回國際オリンピック大會ニ千六百米繼走選手トシテ出場シ 日本青年ノ意氣ヲ全世界ニ示セリ 音樂 シネマニ趣味ヲ有ス

【家庭】父張啓明（明二二） 母陳氏葉 弟二妹二アリ

張星賢。《台灣人士鑑》，頁二三三。

張星賢曾在一九八一年七月二十五日田徑協會的常務理監事會議上提及楊傳廣與紀政是台灣最傑出的田徑選手，當時楊傳廣爲左營訓練營總教練，紀政爲田徑協會總幹事與立法委員，張星賢認爲他們應該把心力放在訓練選手上。如果以張星賢的想法來看台灣體壇的傳承問題的話，張星賢的這番談話是值得我們反省的，不管是哪個運動領域，台灣一流選手在引退後能夠教導後輩的比例並不高。張星賢也將自己的經歷以中、日文兩種文字出版他的自傳《慾望、理想、人生，談我五十餘年的運動生涯》，張星賢一輩子全心全力投入田徑界，令人感佩。

對張星賢來說，或許不能參與一九六四年的東京奧運是他一大遺憾，也是非常不能理解之事。從戰前代表日本參加兩次奧運與其他國際比賽，張星賢與日本體壇的重量級人士有深厚的交情，同是田徑界的織田幹雄與南部忠平不說，東京奧運會主席高橋，籃球賽總幹事植田義己都是一起參加奧運的朋友，理論上應該要借重張星賢與日本體壇的關係，但實際上卻無法名列教練或是職員一員，讓許多體壇人士相當的不解。

結語

另外透過探索張星賢邁向奧運的過程，張星賢沒有我們現在選手擁有的專業教練團，現在頂尖的選手不僅只有一位專屬教練，已經是多位各領域的專家來訓練一位選手。但我們回顧八十多年前的訓練環境，我們卻無法說出張星賢專屬教練是誰，若以一九三六年奧運會，日本陸上競技部所提出的教練團名單：短距離（含接力賽）：加賀一郎；中長距離：繩田尙門；馬拉松：津田晴一郎；跨欄：福井行雄；跳部：大島謙吉；投擲：沖田芳夫（兼任）。由六位教練帶領四十名選手，所以看到戰前張星賢能有如此優異的成績實在令人敬佩，特別是進入早大之前，沒有專業教練，基本上都是自己苦練的成果，早大時期是張星賢訓練的最佳環境，也讓張星賢成爲頂尖的選手能夠參加奧運會。

表2-2-3　張星賢競賽得名成績一覽表

時間	競賽名稱	地點	項目	成績	資料來源
一九二八年五月十三日	縱貫道路突破競走大會	彰化—台中（十一哩五十七）	馬拉松	第三名，一小時二十一分五秒四	《台灣體育史》，頁三七六至三七七
一九二八年六月十日	第二回全島中等學校陸上競技會		一千五百公尺	第二名	《台灣體育史》，頁二九一
一九二八年十月二十七日至二十八日	第九回全島陸上競技選手權大會	圓山競技場	三級跳遠	第三名，十三公尺四十八	《台灣體育史》，頁二五六
一九二八年十一月二十五日	台中御大典記念全島大會	台中	四百公尺	第三名	《台灣體育史》，頁二六六
〃	〃	〃	三級跳遠	第二名	《台灣體育史》，頁二七〇
一九二九年九月二十二日至二十三日	第十回全島陸上競技選手權大會	台中水源地競技場	三級跳遠	第一名，十四公尺八	〃
〃	〃	〃	一千六百公尺接力	第二名	《台灣體育史》，頁二五五

時間	競賽名稱	地點	項目	成績	資料來源
〃	〃	〃	五項全能	第二名，二千五百十一點八六五分	《台灣體育史》，頁二五八
一九二九年九月二十九日	第三回台灣中等學校陸上競技會	台北高校運動場	四百公尺	第一名，五十四秒四	《台灣體育史》，頁二九〇
〃	〃	〃	二百公尺跨欄	第一名，二十九秒二	《台灣體育史》，頁二九二
〃	〃	〃	八百公尺接力	第一名，一分四十秒八	〃
〃	〃	〃	跳遠	第一名，六公尺三十三	《台灣體育史》，頁二九三
一九三〇年四月二十六至二十七日	極東豫選競技兼建功神社競技大會	圓山	三級跳遠	第一名，十四公尺四十九	《台灣體育史》，頁二七〇
〃	〃	〃	八百公尺接力	第二名	〃
一九三〇年九月十四日	イーグル與UCA隊抗賽	台中水源地競技場	一百公尺	第三名	《台灣體育史》，頁二七八
〃	〃	〃	四百公尺	第一名，五十四秒八	〃

時間	競賽名稱	地點	項目	成績	資料來源
〃	〃	〃	跳遠	第一名，七公尺七十一	《台灣體育史》，頁二八一
〃	〃	〃	撐竿跳	第三名	〃
一九三〇年十月十八至十九日	第十一回全島陸上競技選手權大會	台北帝大競技場	三級跳遠	第一名，十三公尺八十八	《台灣體育史》，頁二五六
〃	〃	〃	四百公尺接力	第一名，四十五秒	《台灣體育史》，頁二五五
〃	〃	〃	八百公尺接力	第一名，一分三十六秒	〃
〃	〃	〃	一千六百公尺接力	第一名，三分三十四秒四	〃
一九三〇年十二月二十五日	不明		六十公尺	第二名	《台灣體育史》，頁三〇四
〃	〃	〃	一百五十公尺	第一名，十七秒八	〃
〃	〃	〃	三百公尺	第一名，三十八秒八	〃

時間	競賽名稱	地點	項目	成績	資料來源
〃	〃	〃	立定三級跳遠	第一名，八公尺二十七	《台灣體育史》，頁三〇八
一九三一年四月二十六日	第七回關東陸上競技選手權大會	明治神宮競技場	跳	第二名	《昭和七年運動年鑑》，頁一五四
一九三一年五月十日	第九回早慶陸上對抗	〃	四百公尺	第三名	《昭和七年運動年鑑》，頁一六九
一九三一年五月三十一日	第四回日本學生陸上競技選手權大會	甲子園南運動場	四百公尺跨欄	第二名，五十六秒四	《讀賣新聞》，一九三一年六月一日，二版
一九三一年九月二十七日	第十三回關東學生陸上競技選手權大會	明治神宮競技場	四百公尺跨欄	第二名	《昭和七年運動年鑑》，頁一六五
〃	〃	〃	四百公尺	第三名	〃
一九三一年十月四日	第五回明治神宮大會陸上選手權關東豫選	〃	四百公尺跨欄	第一名，五十七秒四	《昭和七年運動年鑑》，頁一四八
一九三二年五月十五日	第五回日本學生陸上競技選手權大會	〃	四百公尺	第二名，五十一秒三	《讀賣新聞》，一九三二年五月十六日，七版
〃	〃	〃	四百公尺跨欄	第二名，五十七秒二	〃

時間	競賽名稱	地點	項目	成績	資料來源
一九三二年五月二十九日	オリムピック陸上競技全日本豫選會	〃	四百公尺	第四名	《讀賣新聞》，一九三二年五月三十日，三版
一九三二年九月二十四至二十五日	第十四回關東學生陸上選手權大會	〃	四百公尺	第二名	《昭和八年運動年鑑》，頁一六三
〃	〃	〃	四百公尺跨欄	第一名，五十六秒四	〃
〃	〃	〃	四乘四百接力	第一名，三分二十五秒六，張第一棒。	〃
一九三二年十月二十三日	第十回早慶陸上對抗競技	〃	四百公尺	第二名，五十秒	《昭和八年度運動年鑑》，頁一七三
〃	〃	〃	四乘二百接力	第一名，一分二十八秒四，張第三棒。	〃
一九三三年一月五日	嘉義支部陸上競技會	不詳	四百公尺	第一名，五十二秒	《台灣體育史》，頁二七八

時間	競賽名稱	地點	項目	成績	資料來源
〃			八百公尺	第一名，二分十一秒四	《台灣體育史》，頁二七九
一九三三年五月二十八日	第六回日本學生陸上競技選手權大會	甲子園南運動場	四百公尺跨欄	第六名	《昭和九年運動年鑑》，頁一五七
〃	〃	〃	四百公尺	〃	〃
〃	〃	〃	一千六百公尺接力	第二名，三分三十一秒二	〃
一九三三年七月三日	早大對全京城陸上競技對抗	京城運動場	四百公尺接力賽	四十二秒六	《昭和九年運動年鑑》，頁一五四
一九三三年七月十三日	早大對全哈爾濱陸上競技對抗	哈爾濱競技場	一百公尺	十一秒	〃
一九三三年七月十六日	早大、滿洲國、滿洲陸聯三團體對抗	新京西公園競技場	瑞典式接力賽	不詳	〃
一九三三年九月二十四日	第十五回關東學生陸上競技選手權大會	神宮競技場	四百公尺	第一名，五十秒	《昭和九年運動年鑑》，頁一五九
〃	〃	〃	四百公尺跨欄	第二名，五十五秒九（破日本紀錄）第一名的陸口正一雖然以	《讀賣新聞》，一九三三年九月二十五日，夕刊三版

時間	競賽名稱	地點	項目	成績	資料來源
				五十五秒六奪冠，但踢倒第一個欄架，因此不列入日本正式紀錄。	
〃	〃	〃	一千六百公尺接力賽	第二名，三分三十秒三	《讀賣新聞》，一九三三年九月二十五日，三版
一九三三年十月八日	第七回明治神宮大會兼第二十回全日本陸上選手權關東豫選	上井草競技場	四百公尺跨欄	第二名	《昭和九年運動年鑑》，頁一三七
一九三四年十月二十日至二十一日	第八回明治神宮大會兼第二十一回全日本陸上選手權關東豫選	甲子園南運動場	四百公尺	第二名，四十九秒九	《昭和十年運動年鑑》，頁一三七
一九三五年一月二十七日	第一回全台灣陸上競技記錄會（張星賢選手歡迎陸上競技會）	台北帝大競技場	四百公尺跨欄	五十八秒一（台灣新紀錄）	《台灣日日新聞》，一九三五年一月二十八日，七版
一九三五年七月七日	大連歡迎競技會	大連市民運動場	一百公尺	第三名	《昭和十一年運動年鑑》，頁一三四

時間	競賽名稱	地點	項目	成績	資料來源
〃	〃	〃	四百公尺接力賽	第一名，四十二秒七	〃
〃	〃	〃	三級跳遠	第三名	〃
一九三五年十一月一日至四日	第八回明治神宮大會	神宮競技場	四百公尺接力	第一名，四十二秒五，張第二棒	《昭和十一年運動年鑑》，頁三四二
一九三五年十一月十六日	第一回滿洲、朝鮮、台灣對抗陸上競技大會	台北帝大體育場	一百公尺	第二名，十一秒三	《台灣日日新聞》，一九三五年十一月十七日，十一版
〃	〃	〃	跳遠	第二名，六公尺八十七	〃
〃	〃	〃	四百公尺接力	第二名，四十五秒二，張第二棒	〃
一九三五年十一月十七日	〃	〃	四百公尺	第一名，五十二秒四	《台灣日日新聞》，一九三五年十一月十八日，七版

時間	競賽名稱	地點	項目	成績	資料來源
〃	〃	〃	一千六百公尺接力	第一名，三分三十三秒六，張第四棒	〃
一九三六年五月九至十日	奧運會滿洲豫選	大連運動場	四百公尺	第一名，五十一秒一	《昭和十二運動年鑑》，頁一二八
〃	〃	〃	跳遠	第一名，七公尺二十八	〃
一九三六年五月二十三日	オリムピツク陸上競技全國最終豫選	神宮競技場	四百公尺	第三名，五十秒二	《讀賣新聞》，一九三五年五月二十四日，四版
一九三八年七月三十日	日滿對抗國際競技會——奉天大會	奉天國際競技場	四百公尺	第一名，五十一秒六（滿州新紀錄）	《昭和十四運動年鑑》，頁一四二
〃	〃	〃	四百公尺接力	第二名	〃
一九三九年九月六日	日滿華交歡競技奉天大會	國際運動場	四百公尺	第二名，三分三十四秒八	《昭和十四運動年鑑》，頁三三八
〃	〃	〃	一千六百公尺接力	第二名	〃

時間	競賽名稱	地點	項目	成績	資料來源
一九三九年十月一日	關東州選手權大會	大連運動場	跳遠	第三名	《昭和十四運動年鑑》，頁一五三至一五四
〃	〃	〃	三級跳遠	第一名，十四公尺二十二	〃

織田幹雄（一九〇五年三月三十日至一九九八年十二月二日）

織田是張星賢的好友，是第一位在奧運會上獲得金牌的日本選手同時也是亞洲首位摘金的選手，在一九二八年八月二日在斯特丹奧運會上，織田在三級跳遠項目中以十五點二一公尺的成績獲得日本奧運史上首面金牌，一九三一年時以十五點五八成績創下世界紀錄，一九三二年洛杉磯奧運會時，擔任田徑部的隊長與教練，運動生涯結束後，擔任體育記者、日本奧運委員會委員、田徑教練與早稻田大學教授等職。他在田徑主要是三級跳遠的表現，讓他成爲日本田徑界之父，從一九六七年開始，他的故鄉廣島縣主辦「織田幹雄記念國際陸上競技大會」，織田在一九三二年洛杉磯奧運會前的二月八日開始爲期三天的新竹州體育講習會與南部忠平一起來台。

台灣兩位橄欖球明星——陳清忠、柯子彰

橄欖球，在台灣並非主流的運動，但是在日治時期台灣產生了兩位橄欖球界的傑出選手，一位是奠定這項運動基礎在淡水中學任教的陳清忠，從日本橄欖球名門學校同志社大學英語科畢業後，返台後在淡水中學任教，在課外之餘教導學生橄欖球，讓橄欖球在台發展，因此被稱爲橄欖球之父。另一位則是被日本橄欖球界稱爲「永遠的十三號」的柯子彰，在就讀早稻田大學時期，以學生身分當選日本國家代表隊隊長，在球場上出色的表現，讓早稻田大學宣布十三號「永久欠番」，這是對柯子彰最佳的讚美。

橄欖球運動的起源與傳播

橄欖球運動是在英國拉古比（Rugby）的小鎮上有所歷史悠久的拉古比學校（Rugby School）形成的新興運動，一八二三年，該校學生威廉・偉伯・艾律斯

（William Webb Ellis）在比賽中一時興起將比賽中的球以雙手抱住並跑進球門內，雖說這樣的舉動在足球場上是犯規的，卻讓在旁觀戰的球界人士有了靈感，想像如果足球也能加進手抱球的話，可能變得更有趣，之後這所Rugby School的學生就在比賽中以手抱球進行比賽，於是新的運動產生了，它慢慢演變成爲現今的橄欖球運動。在Rugby School的校園內爲了紀念此爲橄欖球運動的發源地，爲艾律斯設立了紀念碑，上面刻著：「**這塊石碑，爲紀念威廉・偉伯・艾律斯功勳之碑，他不受足球規則的束縛，將球抱住奔跑，因此開創了橄欖球運動，本碑爲其無視足球規則之勇敢創意而設**，公元一八二三年。」。

但是橄欖球初期抱的終究是「圓圓的」球，爲了與足球區隔，橄欖球運動想在「造型」上做些變化，拉古比校門前一位鞋商威廉・吉伯特（William Gilbert）以四塊牛皮縫製成橢圓形的球，在一八五一年的倫敦博覽會展出後，反應奇佳，從此此項運動就確定以橢圓造型的球與足球運動做區隔。此外，橄欖球攻門時，球要越過橫桿之上，雖然手可持球，卻不能向前傳球，都是有意與足球競賽規則不同。

橄欖球運動原本是屬於有錢資產階級的運動，隨著英國工業革命後，大量的工人階級產生，也在勞工階級裡日漸流行，也會自組俱樂部並舉行比賽。勞工的實力漸漸凌駕資產階級之上，壯碩的體格與粗獷的氣質帶給橄欖球運動一種新的風貌。橄欖球運動直到一八七六至一八七七年間才明訂爲十五人，一八八三年蘇格蘭梅爾羅斯俱樂部球員尼特・海格因（Ned Haig）因球隊缺乏經費，因此提出了七人制的想法替球隊節省經費。

除了英國本土，橄欖球運動首先在英國殖民或是前殖民地國家逐漸風行，例如紐西蘭、澳洲、南非、美國與加拿大等，之後又擴展到歐洲鄰近國家，最流行的則是法國。亞洲地區方面，明治三十二年（一八九九）英人教師克拉克（Edward Bramwell Clarke，當時擔任慶應的文科教授）與留學英國劍橋大學的田中銀之助兩人在慶應義塾（今慶應大學）教授橄欖球，成爲日本人接觸橄欖球最早的記載。相隔十一年之後在關西地區的京都第三高等學校於一九一〇年成立橄欖球隊，陳清忠就讀的同志社大學於一九一一年成立橄欖球隊，當時名稱爲「ラ式蹴球部」，爲日本第三個成立橄欖球球隊的學校。隨著大學橄欖球聯賽帶起日本橄欖球運動的流行，一九三〇年代初期球隊已達百隊之多。

台灣橄欖球運動的起始

橄欖球由於在日治時期傳到台灣來，日治時期就隨著日本的說法ラグビー或是ラ式蹴球，戰後則因球的外型如同橄欖，中文因此稱爲橄欖球。根據多位學者研究，認爲松岡正男是首位將橄欖球介紹到台灣的人物。而松岡正是一九〇一年十二月七日日本史上首場公開橄欖球賽慶應大學的隊員，當時他打前鋒二號的位置，大學畢業後留學美國，並曾擔任第一任日本橄欖球協會副會長。查詢《台灣總督府職員錄》發現松岡正男自明治四十四年（一九一一）以通信局庶務課的囑託身分來台工作，約五年在台的時間，約大正四年（一九一五）離開台灣。利用工作之餘，到台北一中（今建國中學）教學生打橄欖球，不過松岡在台工作時間不長，他一回到日本後，橄欖球運動就暫時的沉寂下來。一九二七年，台北一中學生岡信隆在儲藏室發現一顆橄欖球，又重新燃起組隊的念頭，與另一名學生三好四郎找到一本香山蕃所著的橄欖球教科書，隔年就組隊參賽。後來台北一中成爲台灣日治時期強隊之一，九次代表台灣參加全日本橄欖球中學比賽，獲得二次冠軍，一次亞軍，打響了台北一中在中學校橄欖球的地位。

根據《台灣體育史》一書的記載，台灣最早橄欖球比賽爲一九二一年十一月五日下午三點在新公園運動場由「タイガー俱樂部」（老虎俱樂部）對戰淡水中學校，由老虎俱樂部十一比〇獲勝。日治時期橄欖球隊在台北能夠參賽只有台北一中、淡水中學校、台北高商與鐵道部，雖然分別隸屬學生與成人球隊，但是沒有其他球隊可以比賽，所以日治時期的比賽常常是越級的比賽。一九三〇年台灣橄欖球聯盟成立，並隸屬於日本橄欖球聯盟西部支部，由今井壽男擔任理事長，便積極的推廣各級比賽，包括全台灣的橄欖球比賽，全台灣中等學校橄欖球比賽，冠軍隊伍同樣到日本內地比賽，其中台北一中曾在一九三五年與一九四一年獲得全日本的中學冠軍。或許球賽規模無法與甲子園相比，但其實意義是一樣的。

陳清忠的生平

有「橄欖球之父」之稱的陳清忠，一八九五年五月十七日出生於現在新北市新店區，父親陳榮輝爲馬偕在台灣的本地弟子，一八八五年與嚴清華同被馬偕按立爲台灣最早的本地牧師。陳清忠的哥哥陳清義後來與馬偕長女偕媽蓮（Mary Ellen

Mackay，一八七九至一九五九）結婚，陳清忠是來自台灣早期基督教非常重要的家庭。父親不幸在他六歲時病逝於新店教會內，因此，陳清忠由母親與兄姐撫養長大。父親病逝後與大他十八歲的哥哥遷居至艋舺，在艋舺公學校（今老松國小）畢業後，進入淡水牛津學堂就讀，一九一二年，陳清忠完成學業後，被教會選派至日本留學，先就讀位於京都的同志社大學的普通學校（今同志社中學）四年，一九一六年進入同校大學的英語科就讀。

大正九年（一九二〇），陳清忠自英語科畢業後，七月二十六日返台後從九月開始擔任淡水中學校（今淡江中學）的英語老師，同時在哥哥陳清義的介紹下與謝香結婚，婚後育有七男七女（三個小孩早夭）。昭和十年（一九三五），淡水中學校由於神社參拜問題發生糾紛，陳清忠辭職，隔年，日本接收淡水中學校。戰後，一九四六年五月，陳清忠奉派擔任純德女中校長，在女子學校無法推廣橄欖球運動，因而設立了籃球隊，由後來成爲國泰女籃著名教練的洪金生執教，是頗爲著名的女子籃球隊。一九五二年二月因病辭去純德女中校長職務，一九六〇年四月六日因病過世，享年六十六歲。

一九六八年，爲感念陳清忠對橄欖球的貢獻，成立「清忠杯」橄欖球賽。每年皆在淡江中學舉辦的「清忠杯」橄欖球賽，是在他過世後八年由學生發起，從早期的只有社會組比賽，以後增加了大專、五專高中、國中組以及友誼賽性質的壯年組的比賽。曾經擔任淡江中學校長的謝禧得表示，儘管有時參賽的隊伍並不熱烈，但是淡江中學仍舊抱著紀念陳清忠的意念，一年一年的辦下去。如此以球會友的精神，也是與陳清忠推廣橄欖球的初衷一致。

二〇〇三年三月八日在淡江中學舉行陳清忠傳球八十週年銅像剪綵儀式，在紀念的典禮上，日本同志社大學代表岡詩仁與同志社大學橄欖球校友會會長木村孝也都出席，即使離陳清忠在同志社大學求學的一九二〇年代，已過了八十年之久，可見陳清忠在台灣與日本橄欖球界的地位，受到永久的尊敬。

在日本學習橄欖球

陳清忠就讀的同志社大學是日本橄欖球名門學校，是著名的基督教教會大學，創立於明治八年（一八七五）[1]，學校從創校時的學生八人到現在一萬多人的規模，同志社大學不僅在橄欖球項目上表現突出，在日本內地各大學體育對抗賽上也都有出色成績，同時根據日治時期報紙，同志社大學也經常來台與台灣各學校或是各體育團體交流比賽。

陳清忠並非第一位台灣人接觸橄欖球的選手，在陳清忠就讀同志社大學普通學校時，已有李明家加入橄欖球隊。目前，仍無史料說明陳清忠為何會加入橄欖球隊，或許陳清忠身材高大，速度快是打橄欖球的好條件，或許李明家學長鼓勵也有可能。

---

1 一八七五年為專門學校設立時間，正式大學部成立是大正九年（一九二〇）年四月根據「大學令」設立。

從中學部一直到大學，在同志社大學的八年期間（一九一二至一九二〇），陳清忠打過前鋒三號、四號位置；也曾打過後衛翼鋒十一號、後衛正鋒十三號位置。一九一八年，陳清忠代表同志社大學出賽與京都第一高等學校爭奪「第一回全國高等學校ラグビーフットボール大會」（第一屆全日本高校橄欖球錦標賽），同志社大學獲得首屆冠軍，我們更可從前十一屆比賽中，同志社大學就拿下九屆冠軍優勝，可證明同志社大學在日本橄欖球界的位置。一九一九年陳清忠成爲球隊隊長，柯子彰認爲能夠被選爲隊長，不僅是球技出衆，人品更是備受推崇的。同志社橄欖球隊從一九一七年二月十三日決定球隊隊長是投票選出，可見陳清忠在隊上受到認同。

在《同志社大學ラグビー部一〇〇年史》的〈創建橄欖球部的群像〉中陳清忠被選爲在初期創部重要的人物。書中五三三頁中，文中提到陳清忠速度快，踢球技巧出色，也擔任過球隊隊長，是十分活躍的選手。筆者也參考《同志社ラグビー七十年史》與《同志社大學ラグビー部一〇〇年史》兩書，整理出陳清忠代表同志社從中學至大學時代的記錄（表2-3-1）。

表2-3-1　陳清忠在日的出賽紀錄

時間	地點	交戰隊伍	位置	比數	資料來源
一九一三年一月十八日	神戶東遊園地	神户外人軍	前鋒四號位	十八比三（敗）	《同志社ラグビー七十年史》，頁三九一
一九一四年二月五日		東京與橫濱外人俱樂部	〃	十七比三（敗）	〃
一九一四年一月八日	同志社競技場	慶應大學	前鋒二號位	○比八（敗）	《同志社大學ラグビー部一○○年史》，頁五四五
一九一四年十一月七日	神戶東遊園地	神户外人軍	前鋒三號位置	八比十八（敗）	《同志社大學ラグビー部一○○年史》，頁五四五
一九一四年二月十日		慶應大學	前鋒三號位置	三比○（敗）	《同志社ラグビー七十年史》，頁三九一
一九一四年十一月二十八日		神户外人軍	FB	三比五（敗）	《同志社大學ラグビー部一○○年史》，頁五四五至五四六
一九一五年一月二十三日	同志社	京大、三高聯合軍	後衛正鋒十三號	十五比○（勝）	《同志社大學ラグビー部一○○年史》，頁五四六
一九一五年一月三十日	神戶東遊園地	神户外人軍	〃	○比○	〃
一九一五年十月四日	〃	〃	後衛正鋒十一號	六比七（敗）	〃

時間	地點	交戰隊伍	位置	比數	資料來源
一九一五年 十一月十三日	同志社	京都第三高等學校	〃	三十比○ （勝）	《同志社大學ラグビー部一○○年史》，頁五四七
一九一五年 十二月四日	神戶東 遊園地	神戶外人軍	〃	六比七 （敗）	〃
一九一六年 一月十日	同志社	慶應大學	〃	五比八 （敗）	〃
一九一六年 二月五日	同志社	神戶外人軍	〃	十四比○ （勝）	〃
一九一六年 二月十九日	三高	京都第三高等學校	後衛十三號	十九比○ （勝）	《同志社大學ラグビー部一○○年史》，頁五四八
一九一六年 十一月二十五日	神戶東 遊園地	神戶外人軍	後衛十二號	○比十 （敗）	〃
一九一六年 十二月五日	三高	京都第三高等學校	後衛十四號	○比五 （敗）	〃
一九一七年 一月二十日	神戶東 遊園地	神戶外人軍	後衛十三號	○比八 （敗）	《同志社大學ラグビー部一○○年史》，頁五四九。
一九一八年 一月十二日*	豐中	京都第三高等學校	〃	十九比○ （勝）	《同志社ラグビー七十年史》，頁三七

時間	地點	交戰隊伍	位置	比數	資料來源
一九一八年一月十三日**	〃	京都一商	〃	三十一比〇（勝）	《同志社大學ラグビー部一〇〇年史》，頁五四九
一九一九年一月十八日***	豐中	慶應大學	〃	〇比六（敗）	《同志社大學ラグビー部一〇〇年史》，頁五四九至五五〇
一九一九年十一月十一日		京一商	〃	三十三比〇（勝）	《同志社大學ラグビー部一〇〇年史》，頁五五〇
一九一九年十二月六日	同志社	京都第三高等學校	〃	七比〇（勝）	〃
一九二〇年一月八日	同志社	慶應大學	〃	三比五（敗）	〃

*爲「第一回日本フートボール大會」（第一屆日本足球大會）一回戰

**爲決戰

***爲「第二回日本フートボール大會」一回戰

在淡江中學校播下橄欖球運動的種子

陳清忠一開始將橄欖球這項運動介紹給學生，是希望學生有良好的課外活動，讓處於青春期好動的學生有能夠發洩精力之處，同時也培養學生奮鬥、服從與犧牲的橄欖球精神，所以並非將勝負視爲比賽中最重要的事情。加上淡水中學校規定學生星期日必須留校做禮拜，因此，在現實條件上，淡水中學校也無法參加許多校外的比賽，更讓橄欖球活動更加純粹，學生喜歡這項運動才加入，因此培養出在台灣橄欖球的種子。

曾擔任宜蘭中學與母校淡江中學英語老師的林明理，回憶在一九三〇年初次見到橄欖球時與陳清忠老師的景象：「下午上完了一天的課，回宿舍之後不久，整個宿舍響起了哨子之聲。一打聽才知道是在催同學們到操場去打橄欖球。從來沒有看過這種球，也沒有看過球賽，好奇的跑到球場去看，而看到體格魁梧的英文老師陳清忠先生拿著橄欖形的球在操場上，還有幾位學長已在球場，開始練習踢球。在看台上，有好幾位新生瞪著眼睛觀看。上球場的學長差不多有了三十位，就分開兩隊，陳先生擔任裁判，哨子一響就開始比賽，那場面覺得很好玩，除了星期六、日以外每天下課都有這場面。」

與其說訓練，不如說是陳清忠讓學生主動接近橄欖球這項運動，林明理回憶當時，陳清忠沒有對學生進行基本動作訓練或特別練習，但在班際比賽前，才會有各學年的練習。學校並無規定誰擔任校隊，就是有膽子的下場打就是了。

當時除了淡水中學校外，主要的橄欖球隊還有台北一中、台北高商、台北高校與鐵道部，這幾支球隊成員幾乎都是日本人，很難從淡中獲得一勝。淡中橄欖球隊史中，在一九三二年十月二十二日迎戰橄欖球的發源國英國的球隊遠東艦隊坎培藍號，已經三十七歲的陳清忠自己也親自下場比賽，淡中以五比三獲勝。不過坎培拉號艦隊成員，有多位年紀不小，雙方也打得客氣，不論如何，能擊敗橄欖球發源地的球隊，這已是淡江中學校校史的光榮。一個月之後球技更佳的康德號軍艦與淡中比賽，淡中不敵以八比十八敗下陣，這是淡中首次嘗到敗績，可見淡中在日治時期的輝煌紀錄。

田徑場上的飛人

除了橄欖球外，陳清忠在田徑場上也有出色的成績，一九二〇年的「第一回全島陸上競技大會」，陳清忠參加一百公尺就獲得第二名，隔年以十二秒進一步獲得冠軍，陳清忠共參加兩屆「全島陸上競技大會[2]」，專長項目爲一百與二百公尺。陳清忠也是二葉會成員之一，一九二一年二月二十七日代表出賽參加台南的田徑團

2 筆者發現淡江中學校與神學校在「全島陸上競技」比賽成績十分優異，除了陳清忠一百公尺奪冠，當時代理校長羅虔益（Kenneth Dowie，一八八七—一九六五），也是八角樓設計者，參加跨欄比賽亦是獲得冠軍，而且破大會紀錄。台灣日日新報報導時還特別強調是淡江中學校校長，此外台灣早期牧師如蕭樂善、李延澤與黃光宗當時是淡江中學校學生，都在當時台灣田徑運動萌芽時就參加比賽，並且有著優異成績。

體「青葉會」的發會式與田徑比賽，也同樣在一百公尺項目奪冠，是台灣首位跑進十一秒的選手，成爲台灣一百公尺的紀錄保持人。五月舉行極東奧運會選拔，陳清忠以接力賽選手入選七人名單，但是最後其他入選接力賽選手時間上無法配合而取消，所以陳清忠也就無法參加極東奧運會了。筆者好奇陳清忠田徑賽爲何只參加到一九二一年爲止，之後就無田徑場上相關資料了。

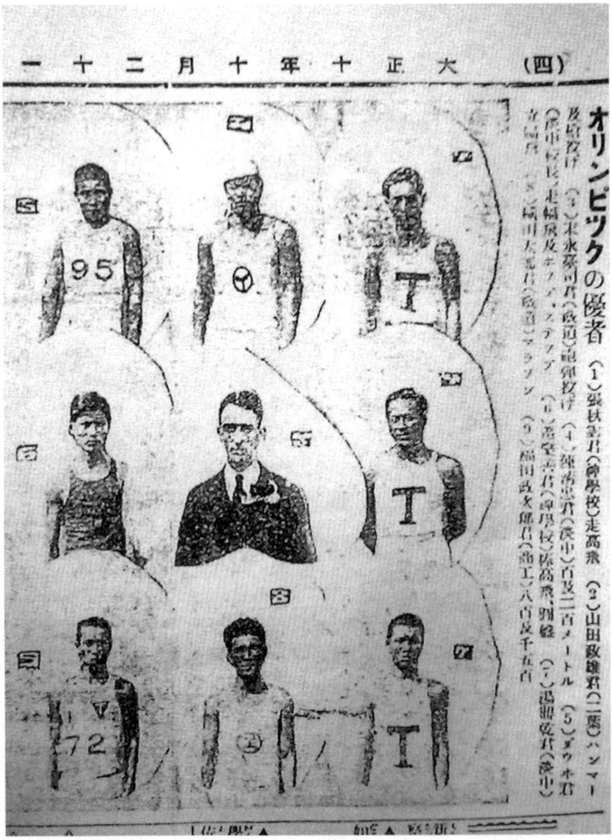

陳清忠參加遠東運動會預選賽。《台灣日日新報》，一九二一年十月二十一日。

戰後持續推廣橄欖球運動

戰後，第一場橄欖球賽由淡水中學校校友發起，一九四六年的青年節在新竹公園舉行，由陳清忠擔任執法裁判。緊接著六月二日在台北新公園舉辦第二場比賽由「虎隊」對上「烏鷲隊」，同樣由陳清忠擔任裁判。有了正式球隊，因此在十月二十五日的第一屆台灣省運動會上，橄欖球成了正式競賽項目之一。十一月一日，陳清忠與他的學生郭啓迪、王添壽、楊廷謙、鍾啓安與廖忠雄發起橄欖球運動協會，陳清忠以年事已高爲由，婉拒擔任理事長，由同樣出身於淡水中學校的黃國書擔任首任理事長。

多才多藝的陳清忠

除了運動場上的傑出表現，陳清忠的音樂造詣也是相當出色，由於出身基督教家庭，在同志社留學期間，經常擔任司琴與領唱的事奉。陳清忠與陳溪圳、余約章與藤森芳雄等人在艋舺公學校同窗會的音樂會中參加合唱表演。著名的音樂家呂泉生即爲陳清忠的女婿，並且在任教期間組織台灣第一個男聲合唱團，曾在一九二六年時率團至日韓表演。因此陳清忠對台灣合唱的發展有極深遠的影響。此外陳清忠指導的合唱團學生中包含駱先春、陳溪圳、張泗治都是台灣音樂史上重要人物，

陳清忠一九二五年七月創辦白話字刊物《芥菜子》，擔任主筆與編輯，陳清忠期待：「即使創刊時未有太大的影響力，但願有朝一日能成爲基督徒心靈的寄託。」陳清忠也發表了六十六篇文章，大多數是翻譯文學作品與祈禱文，小說部分

包含狄更斯的《聖誕歌聲》（或譯爲《小氣財神》）（刊登在創刊第一號，不過，陳清忠並未譯完）；喬叟《坎特伯里故事》中部分章節；莫泊桑的〈一條繩子〉等作品。散文類分爲名人的祈禱與印度宗教家Sadhu Sundar Singh的〈桌上談〉，散文類傳達了宗教信仰的氛圍，論文部分則選譯日籍牧師田村直臣的〈兒童心目中的基督教〉，顯示了陳清忠對兒童主日學教育的重視。戰後陳清忠曾將莎士比亞的作品翻譯成閩南語發音的舞台劇，在台北市國際大戲院，學校的師生音樂會中表演，是台灣將莎士比亞作品搬上舞台的第一人。

橄欖球王柯子彰的生平

繼陳清忠之後，台灣另一位傑出的橄欖球選手爲柯子彰，柯子彰明治四十三年（一九一〇）十月二十二日出生於台北大橋頭，與陳清忠一樣都是出身於基督教家庭，父親柯保羅與母親廖允都是第一代基督徒，大伯父柯維思（柯玖）是馬偕在台第一批學生，並且成爲馬偕的二女婿。

柯子彰在一九一七年隨著經商的父親一起移居福建福州，就讀由台灣總督府創辦的福州東瀛學堂[3]，一九二三年畢業後，進入同志社大學中學部就讀，二年級時加入橄欖球隊，打後衛正鋒位置。在京都度過五年的中學校生活後，柯子彰嚮往

3 此爲台灣總督府在中國設立的學校，創立於一九〇八年，雖名爲學堂，是以公學校爲依據而設置的學校。

關東地區的生活，因此婉拒了校方直升大學部的好意。一九二九年四月，柯子彰先就讀早稻田第二高等學校兩年，後考上早稻田大學商學部，並成爲早大橄欖球校隊的一員。一九三四年三月自早大畢業後前往滿洲國滿鐵的地方部庶務課工作。在滿洲國，柯子彰依舊離不開橄欖球運動，組織與任教橄欖球隊，將橄欖球運動推廣至滿洲國。一九三七年與畢業於旅順高等女子學校的同事橋本鶴代結婚，橋本也是排球與冰上芭蕾的運動好手，戰後與柯子彰到台灣定居，並取中文名字「柯秀鳳」。一九三九年柯子彰轉到奉天（今瀋陽）工作，在奉天滿鐵隊依舊活躍，一九四五年又轉至上海滿鐵事業部工作，並參加日本人橄欖球俱樂部。一九四六年十月柯子彰從上海回到台灣後，定居台北。

柯子彰以他在滿鐵的工作經驗，到鐵路局應徵工作，順利得到專員的工作。柯子彰回台後，台灣就發生二二八事件，在鐵路局工作時，也曾在工作上與當局有不同的意見，例如：將鐵路局合作社廢止，而改爲福利社，因此，柯子彰也從合作社的總經理身分，轉爲總務處專員。之後，柯子彰拒絕鐵路局裡國民黨黨部的勸說，反而以民社黨黨員的身分參選台北市議員，以二百多票落選。在鐵路局工作十年後，一九五六年柯子彰轉換跑道至中小企業銀行工作，並接任橄欖球協會總幹事。柯子彰也擔任福祿旅行社社長，二〇〇二年四月二十三日過世，享年九十二歲，日本首相森喜朗二〇〇三年十二月二十五日來台時，還特別到柯子彰的墓前哀悼致意，森喜朗的父親與柯子彰在早大時曾並肩作戰的隊友，森住院時，柯子彰特別從台灣到日本探病，所以森喜朗在柯子彰過世後特別到淡水的墓前致意。

柯子彰的同志社中學選手生活

一九七四年年底時，日本橄欖球協會在成立七十五週年時，依照各位置選出七十五年來最佳十五人，柯子彰被選爲最佳「後鋒中」。柯子彰就讀同志社中學校時就有著傑出的表現，柯子彰回憶在同志社中學時，橄欖球在京都地區學校，包括三高、同志社中學、京都一商與京都大學橄欖球盛行，這幾所學校會舉辦學校對抗賽，加上同志社中學比賽成績優異，不僅學校當局熱心推廣橄欖球運動，學校學生會自掏腰包買球來練習，或是舉辦班際比賽橄欖球運動風氣盛行。加上他住北寮，剛好位於練習球場前，放學後常會在球場練習，直到晚餐時間。在這樣的環境中柯子彰加入了橄欖球部。

此時陳清忠已經從同志社畢業，所以柯子彰在同志社並未看過陳清忠打球。柯子彰從學校前輩學到許多橄欖球的基本動作，雖然吃重的練習也曾讓他想打退堂鼓離開球隊，後來認爲這也是人生的考驗，所以回想起來當初沒退出球隊眞是太好了。從二年級開始加入球隊後，柯子彰就代表學校出賽，此時也是同志社大學中學部的黃金時期，除了一九二六年因大正天皇駕崩比賽取消外，連續三年獲得全日本中學冠軍。柯子彰在中學校時期被認爲具有大學球員般的球技，因此被同志社大學徵召，參加關西地區大學聯賽的比賽。

入選日本國家代表隊

一九二九年三月，柯子彰從中學校畢業，雖然同志社大學極力的挽留，但是柯

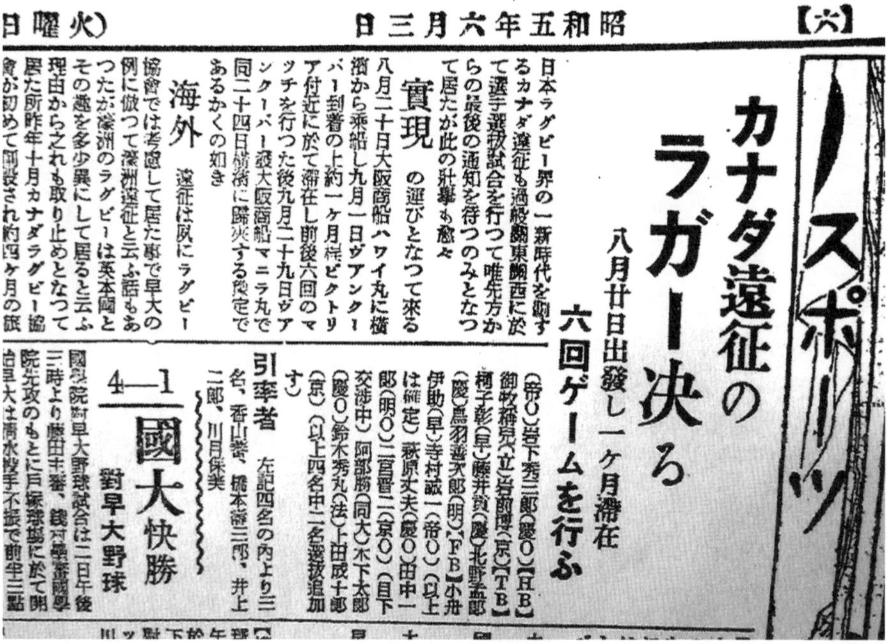

【六】 昭和五年六月三日 （火曜日）

スポーツ

カナダ遠征のラガー决る

八月廿日出發し一ケ月滯在 六回ゲームを行ふ

日本ラグビー界の一新時代を劃するカナダ遠征も過般關東關西に於て選手選拔試合を行つて唯先方からの最後の通知を待つのみとなつて居たが此の壯擧も愈々

實現 の運びとなつて來る八月二十日大阪商船ハワイ丸に橫濱から乘船し九月一日ヴアンクーバー到着の上約一ケ月程ビクトリア付近に於て滯在し前後六回のマツチを行つた後九月二十九日ヴアンクーバー發大阪商船マニラ丸で同二十四日橫濱に歸來する豫定であるかくの如き

海外 遠征は夙にラグビー協會では考慮して居た事で早大の例に倣つて濠洲遠征と云ふ話もあつたが濠洲のラグビーは英本國とその趣を多少異にして居ると云ふ理由から之れも取り止めとなつて居た所昨年十月カナダラグビー協會が初めて開設され約四ケ月の旅

（帝〇）岩下秀三郎（慶〇）【ＨＢ】御牧稱兒（立）岩前博（京）【ＴＢ】柯子彰（早）藤井貢（慶）北野孟郎（慶）鳥羽善次郎（明）【ＦＢ】小舟伊助（早）寺村誠一（帝〇）（以上は確定）萩原丈夫（慶〇）田中一郎（明〇）二宮晉二（京〇）（目下交渉中）阿部勝（同大）木下太郎（慶〇）鈴木秀丸（法）上田成十郎（京）（以上四名中二名選拔追加す）

引率者 左記四名の内より三名、香山蕃、橋本壽三郎、井上二郎、川月保美

4—1

國大快勝 對早大野球

國學院對早大野球試合は二日午後三時より慶田主審、錢村壘審國學院先攻のもとに戶塚球場に於て開始早大は清水投手不振で前半三點

柯子章入選加拿大遠征名單。《讀賣新聞》，一九三〇年六月三日。

子彰想到關東地區就讀大學，因此婉拒了學校直升的好意。柯子彰順利考上早稻田大學，加入了早稻田大學的橄欖球校隊，穿上十三號球衣，擔任後衛正鋒的位置。

一九二〇年代中期年以後，日本大學界的橄欖球已經擺脫初期只有少數球隊比賽的狀況，京都大學、明治大學、立教大學、早稻田大學等等逐漸崛起，各大學，特別是自一九二八年所謂「關東五大學」（早稻田、慶應、明治、立教與帝國大學（今東京大學））或是一九三三年後增加爲「七大學對抗」（增加法政與商業大學）的比賽，觀衆經常是爆滿的，加上關東與關西地區的對抗，讓橄欖球迷迅速的增長，因此，柯子彰在早稻田大學時期的打球的環境，比起前輩陳清忠是又進步許多，例如一九二九年在大阪成立了日本第一座橄欖球專用的花園球場，早稻田大學也有自己的專用練習球場，球員基本上都是喜歡在眾多觀眾面前打球的，特別是像橄欖球這種戶外需要廣大的球場讓球員奔馳，柯子彰也享受在滿坑滿谷的觀眾前比賽的樂趣。

柯子彰到現在仍獲得日本橄欖球界的推崇來自他在大學聯賽的表現，儘管在他就讀早大的前兩年，早大的聯賽成績並不出色，但是柯子彰個人表現依舊受到肯定。柯子彰選手生涯第一次代表日本隊的比賽是，一九三〇年六月二日發表了「加拿大遠征」二十五位選手的名單，柯子彰成了「遠征加拿大」的代表隊隊員之一。八月十七日柯子彰與隊友在著名教練香山蕃的帶領下，經過十二天的航程抵達溫哥華。

加拿大日僑界原本反對日本橄欖球國家代表隊來與加拿大比賽，因爲日僑一開始認爲日本無法贏加拿大高大壯碩的橄欖球員，而這樣的情境只會導致他們在加拿大地位更加低落，更爲白種人看不起。而且加拿大爲英國殖民地，橄欖球早已風行多年，實力無法與加拿大抗衡。但是七場比賽的結果，卻是日本以六勝一和的絕佳成績戰勝了加拿大。這個意外的結果對日本橄欖球界是一大鼓舞。兩年後，加拿大橄欖球隊作客訪問日本，前兩場依舊是日本獲勝，當時的教練香山蕃是日本橄欖球界最負盛名的教練，也是出身同志社大學中學部，即使是六十餘年前的事蹟，對柯子彰而言依舊是選手生涯內最光榮的事蹟之一。

柯子彰在早大最後兩年期間，擔任隊長，率領早大贏得全日本大學橄欖球聯賽的冠軍。一九三四年澳洲國家代表隊赴日比賽，柯子彰擔任日本大學聯隊的隊長，

兩場比賽，成績爲一勝一負。柯子彰在日本的優異表現，被日本媒體譽爲「柯の前に柯なく，柯の後に柯なし」（柯子彰之前沒有柯子彰，柯子彰之後也沒有柯子彰）。

在滿洲國推廣橄欖球運動

早大畢業後，柯子彰四月從神戶搭船至大連的滿鐵工作，在滿洲國各地境內依舊推廣橄欖球運動，在大連、撫順、瀋陽、錦州、哈爾濱等地都協助成立橄欖球隊，將橄欖球運動風氣帶到滿洲國境內。柯子彰並介紹早稻田著名的「搖晃戰法」到滿洲國，他邀請早大橄欖球隊至大連，讓球界與觀衆能夠了解「搖晃戰法」的技巧所在。此外，柯子彰與早大隊友薄常信一起組織滿洲國第一支七人制的橄欖球隊。根據當時體制，滿洲國的橄欖球運動是由滿洲橄欖球協會負責，而隸屬於日本西部橄欖球協會的支部。而台灣、朝鮮等殖民地橄欖球協會也都隸屬於西部橄欖球協會的支部，因此滿洲國與台灣、朝鮮等殖民地的交流日漸頻繁，這也是柯子彰在滿鐵工作時的工作之一。

當然柯子彰還是偶爾會下場比賽，一九三六年三月二十三日，早稻田大學到滿洲國與朝鮮進行友誼賽，柯子彰也下場比賽，三月二十七日，他代表滿鐵俱樂部與母校早大比賽。此時橄欖球運動只是剛萌芽階段，因此滿鐵俱樂部以懸殊比數三比五十三敗下陣。九天後四月五日，柯子彰以滿洲代表二隊出場比賽，仍舊以九比三十八輸球。

搖晃戰法（ユサブリ）與場上觀念

提到柯子彰必定會提起「搖晃戰法」，可說是柯子彰選手生涯的標誌。柯子彰在〈ユサブリ〉一文中提到這是爲了要打敗明治大學堅強的前鋒所想出的戰術。明治的前鋒八人，平均體重七十五公斤以上，而當時早稻田的隊形是前鋒七人，且體型無法與明治大學相抗衡。不過，明治的防守能力薄弱，因此以速度取勝，比對手早搶到球，混亂對方陣行，這是當初早稻田大學所想出戰略的基本想法，這也是早大在一九三二與三三連續兩年獲得冠軍的重要因素。

柯子彰認爲橄欖球有趣是左右縱橫而擴展的運動，這麼大的球場如果只是在前鋒附近打轉則失去此項運動的樂趣。柯子彰認爲球員的敏捷性最重要，球員接到球的瞬間該如何處理是最大關鍵。當然有了出色的戰術，就必須針對此戰術努力的練習，由於搖晃戰術十分強調傳球與球員跑動速度，後衛與前鋒之間的默契，早大每次三小時訓練，並且加強心理建設，除了正規的練習時間外，球員也會主動的練習。柯子彰自己在訓練前後都會獨自研究自己的弱點與該如何克服，自己又有何優點該如何運用。

柯子彰還有一項獨特的觀念，就是他認爲球賽勝負的關鍵是場上的隊長而非教練，球員一上球場後會有怎樣的變化都不是任何人能掌握的，球場上瞬息萬變，因此不能只靠教練，選手本身要能夠思考，而開球後，看準對手的弱點與己方的優勢是場上隊長的責任，因爲教練畢竟是在場外的，所以柯子彰對於場上隊長一職有他獨特的見解。

回到台灣後，柯子彰對台灣橄欖球的技術演變也做了一番考察，戰後初期的比賽方法（動作）往往不經過嚴格的訓練，只是蠻力的表現，也有個人表現大於團隊的傾向。戰後初期找不到技術面、體力與鬥志三者兼具的球隊，訓練量比戰前還少。在技術面，柯子彰指出，橄欖球比賽勝負的關鍵在於如何將球置於本隊的控制之下，如此將從「亂集團」（Loose Scrummage）勾出的球以傳球方式傳向「闊邊」，才是最確實的戰法。但戰後台灣球隊喜歡踢球戰術，以致使比賽經常中斷，也會阻礙技術向上提升，直到一九六二年日本「愛律斯」球隊來訪，踢球戰術才減少下來，而改用傳球戰術。

此外隨著規則的演變，技術與戰術面也會有所不同，例如「正集團」的相推已漸漸不被重視，與其相推不如儘快將球勾出，於是乎「亂集團」的時間便會縮減，此外現在傳球動作變快，也會減少受傷的機率。

在培養訓練球員時，除了技術面，也要培養球員的悟性，使球員能在不停跑動的比賽中，對於每一情況的處理，能在瞬間有正確判斷。由於球員的瞬間判斷力不能只靠訓練，需要實際比賽經驗來增加臨場反應，由於台灣橄欖球隊數量不多，只能夠藉由友誼賽來增加球員的經驗。以上是柯子彰對戰後台灣橄欖球發展的考察。

柯子彰與台灣橄欖球界

戰前，柯子彰在台灣時間並不多，不過在一九三二年六月返台時曾到中南部中等學校橄欖球比賽，擔任客座教練。不過停留時間很短，又搭船至福州。這是目前找到柯子彰在戰前與台灣橄欖球界接觸的僅有資料。戰後柯子彰則盡心爲台灣橄欖球運動的推廣而努力。一九四六年十月台灣舉行第一屆台灣省運動會（簡稱省運會），原本主辦單位認爲橄欖球是野蠻的運動，不讓橄欖球比賽成爲競賽項目之一，在柯子彰、黃國書等人的極力爭取下，才讓當局理解橄欖球運動的精神，並以「比賽表演供陳儀長官欣賞指導」的官樣名義下得到比賽的許可。柯子彰經過新公園時（現二二八公園），看到戰前留學京都的張光斗、郭啓迪、柯阿騰等老朋友，因此被拉入台北「虎隊」球隊，也參加了比賽，戰後初期當時僅有台灣大學隊、台北虎隊與新竹隊三隊參賽。

戰後就以虎隊隊員爲中心，成立了台灣橄欖球協會，柯子彰擔任裁判長兼技術指導。柯子彰也利用在鐵路局工作的優勢，鐵路局在各地提供員工住宿的招待所之便，走遍台灣各地推廣橄欖球運動。也在校園內推廣這項台灣人陌生的運動，擔任社團的指導老師。同時在多位橄欖球同好的協助下，淡江大學、大同工學院、南一中、成大附工等學校成立起橄欖球隊。

與亞洲國家球隊交流

鑑於台灣球隊缺乏出國比賽或是很難邀請國外好手來台比賽，柯子彰認爲要多與外國交流才能提升台灣橄欖球的水準，因此柯子彰在橄欖球協會擔任總幹事期間，一九五七年起陸續邀請日本與韓國的球隊來台訪問。也協助台灣球隊到國外比賽，例如一九五八年韓國陸軍橄欖球隊訪台，一九六二年愛律斯隊的訪台更帶來球技觀念上的提升，建中校友隊到香港訪問，一九六三年柯子彰親自率隊至日本進行六場比賽，藉此來提升台灣橄欖球水準。

一九六八年亞洲橄欖球協會成立，這是由台灣、日本、韓國與泰國等各國橄欖球協會理事長共同發起的，從此讓台灣能夠從亞洲開始參與國際賽事，並在一九六九年三月八日參加在東京舉行的第一屆亞洲橄欖球錦標賽，當時日本橄欖球協會會長香山蕃就是柯子彰到加拿大遠征時的教練。

柯子彰在戰前日本的比賽，除了關東地區五大學對抗賽，早稻田大學也會與同志社大學舉辦校際比賽，甚至出國到上海、澳洲等與外國進行交流比賽。或是入選日本國家代表隊後，到加拿大遠征比賽，所以柯子彰會感慨台灣橄欖球隊能參加的比賽眞的很少，只能靠球隊辦邀請賽與其他隊伍切磋了。

柯子彰光榮的紀錄

一直到八〇年代仍有日本媒體記得柯子彰來採訪他，最後一次受訪是一九九八年接受橄欖球雜誌記者田村一博的訪問。柯子彰選手生涯，創下許多光榮紀錄，一九三〇年，柯子彰入選日本國家代表隊，參加遠征加拿大的七場賽事，寫下六勝一和的戰績。一九三三與一九三四兩年，連續兩年榮登日本媒體選出在橄欖球界的風雲人物代表。一九三四年擔任國家代表隊的隊長，到目前爲止都是史上最年輕的國家代表隊長。柯子彰在早大時期曾創「搖晃戰法」，並以此戰法帶領早大稱霸日本大學聯賽。

戰後日本橄欖球界依舊記得戰前柯子彰的榮光，《日本ラグビー物語》一書中讚譽柯子彰是天才級選手，前日本關東橄欖球協會會長小林忠郎接受台灣拍攝柯子彰專題影片時曾表示：「我中學的時候，在花園球場和神宮球場，都看過柯先生打球，他是一個很棒的人，每次想到橄欖球就會想到他，即使現在也一樣。」「不管年齡有多大，總會想再一次想起，他堅強的身影與優異的球技，而且永遠這樣想。」

柯子彰二〇〇一年過世時，當時的日本首相是同樣早稻田大學橄欖球隊員的森喜朗，當時無法來台，因此委託也是早大畢業的前國策顧問方仁惠前往致意，等森喜朗卸下日本首相職務後，本人來台時親自到柯子彰的墓前獻花表達追思與敬意。二〇〇二年體委會發行「台灣世紀體育名人傳 傳奇與榮耀」影片，柯子彰爲第一位「永遠的十三號——柯子彰」。從戰前到戰後，柯子彰依舊是橄欖球場上最耀眼的球星，柯子彰選手的出賽紀錄如表2-3-2。

表2-3-2　柯子彰選手生涯出賽紀錄

時間	地點	賽事／交戰隊伍	賽果	資料來源
一九二九年十一月九日	神宮競技場	五大學聯盟戰／早稻田VS立教	十四比十九	《昭和六年度運動年鑑》，頁二五七
一九二九年十一月二十三日	〃	五大學聯盟戰／早稻田VS慶應	三比六	〃
一九二九年十二月八日	〃	五大學聯盟戰／早稻田VS明治	◯比五	《昭和六年度運動年鑑》，頁二五八
一九三◯年一月五日	〃	五大學聯盟戰／早稻田VS東京帝大	十五比◯	〃
一九三◯年一月十二日	神宮競技場	同志社大學	二十三比◯	《同志社大學ラグビー部一◯◯年史》，頁五五六至五五七
一九三◯年九月一日	不詳	加拿大遠征／日本VS溫哥華隊	二十二比十八	《昭和六年度運動年鑑》，頁二五九；《近代ラグビー百年》，頁五三
一九三◯年九月六日	〃	〃	二十二比十七	〃
一九三◯年九月十日	〃	加拿大遠征／日本VSメロラマクラブ	二十七比◯	〃

時間	地點	賽事／交戰隊伍	賽果	資料來源
一九三〇年九月十七日	〃	加拿大遠征／日本VS維多利亞隊	十六比十四	〃
一九三〇年九月二十日	〃	〃	十九比六	〃
一九三〇年九月二十四日	〃	加拿大遠征／日本VS BC省代表	三比三	〃
一九三〇年九月二十七日	〃	加拿大遠征／日本VS BC大學	二十五比三	〃
一九三〇年十月十六日	明治神宮競技場	加拿大遠征歸國歡迎比賽／白組VS紅組	三十八比六	《昭和六年度運動年鑑》，頁二五九
一九三〇年十一月八日	〃	五大學聯盟戰／早稻田VS立教	十四比八	《昭和六年度運動年鑑》，頁二三五
一九三〇年十一月十五日	〃	五大學聯盟戰／早稻田VS東京	十四比六	〃
一九三〇年十一月二十三日	〃	五大學聯盟戰／早稻田VS慶應	三比十九	〃
一九三〇年十二月七日	〃	五大學聯盟戰／早稻田VS明治	九比十四	〃

時間	地點	賽事／交戰隊伍	賽果	資料來源
一九三一年一月三日	大阪市外花園ラグブーグラウンド	早大同大定期戰／早稻田大學VS同志社大學	八比三	《昭和六年度運動年鑑》，頁二五三
一九三一年二月一日	明治神宮競技場	第四回全日本東西對抗試合／關東VS關西	十三比八	〃
一九三一年十一月七日	〃	五大學聯盟戰／早稻田VS立教	四十九比〇	《讀賣新聞》，一九三一年十一月八日，三版。《昭和七年度運動年鑑》，頁二六四
一九三一年十一月二十三日	〃	五大學聯盟戰／早稻田VS慶應	十二比五	《讀賣新聞》，一九三一的十一月二十四日，三版。《昭和七年度運動年鑑》，頁二六四
一九三二年一月三日	〃	早稻田VS同志社對抗賽	二十一比十	《讀》，一九三二年一月四日，三版。《昭和七年度運動年鑑》，頁二六五
一九三二年一月二十日	〃	加拿大來日／早稻田VS加拿大隊	十三比二十九	《昭和七年度運動年鑑》，頁二七一
一九三二年一月三十一日	〃	加拿大來日／全日本VS加拿大隊	九比八	《昭和七年度運動年鑑》，頁二七二

時間	地點	賽事／交戰隊伍	賽果	資料來源
一九三二年二月七日	〃	加拿大來日／全關東VS加拿大隊	六比十四	〃
一九三二年二月十一日	〃	加拿大來日／全日本VS加拿大隊	三十八比五	《昭和七年度運動年鑑》，頁二七三
一九三二年二月十四日	花園球場	第五回東西橄欖球對抗試合／全關東VS 全關西	三十三比二十二	《昭和七年度運動年鑑》，頁二六九
一九三二年十一月六日		五大學聯盟戰／早稻田VS帝大	五十一比三	《昭和八年度運動年鑑》，頁二三〇
一九三二年十一月十二日	〃	五大學聯盟戰／早稻田VS立教	五十一比〇	〃
一九三二年十一月二十三日	〃	五大學聯盟戰／早稻田VS慶應	三十三比五	《昭和八年度運動年鑑》，頁二三一
一九三二年十二月四日	〃	五大學聯盟戰／早稻田VS明治	二十四比十二	〃
一九三三年一月三日	大阪市外花園ラグブーグラウンド	早大同大定期戰／早稻田大學VS同志社大學	二十七比三	《同志社大學ラグビー部一〇〇年史》，頁五六一
一九三三年一月十四日	上海法國租界區	上海Athletic Club邀請友誼賽／早稻田VSアスレテイック俱樂部	十三比十一	《早稻田ラグビー六十年史》，頁五〇

時間	地點	賽事／交戰隊伍	賽果	資料來源
一九三三年一月十八日	〃	上海Athletic Club邀請友誼賽／早稻田VS美國馬林俱樂部	二十四比〇	〃
一九三三年一月二十二日	〃	上海Athletic Club邀請友誼賽／早稻田VS全上海	二十四比八	〃
一九三三年二月五日		第六回東西ラグビー對抗試合／全關東VS 全關西	五十四比十六	《昭和八年度運動年鑑》，頁二二八
一九三三年十月二十日	明治神宮競技場	東都七大學對抗試合／早稻田VS商業大學	四十比〇	《昭和九年度運動年鑑》，頁二七九
一九三三年十月二十六日	〃	東都七大學對抗試合／早稻田VS法政大學	六十五比九	《昭和九年度運動年鑑》，頁二八〇
一九三三年十二月三日	〃	東都七大學對抗試合／早稻田VS明治大學	八比六	《昭和九年度運動年鑑》，頁二八一
一九三四年一月三日	〃	早大同大定期戰／早稻田大學VS同志社大學	八比八	《同志社大學ラグビー部一〇〇年史》，頁五六二至五六三
一九三四年二月七日	〃	澳洲學生代表隊訪日友誼賽／早稻田VS澳洲學生隊	六比二十一	《昭和九年度運動年鑑》，頁二七七
一九三四年二月十一日	〃	澳洲學生代表隊訪日友誼賽／日本學生代表隊VS澳洲學生隊	八比十八	《讀賣新聞》，一九三四年二月十二日，五版

時間	地點	賽事／交戰隊伍	賽果	資料來源
一九三六年三月二十七日	大連	早稻田滿鮮遠征／滿鐵俱樂部VS早稻田	三比五三	《早稻田ラグビー六十年史》，頁五十九
一九三六年四月五日	奉天	早稻田滿鮮遠征／滿洲代表二隊VS早稻田	九比三十八	〃

後記

完成此書後最大的感想是對於這幾位在日治時期發光的台灣體壇前輩，愈深究愈覺得更能感受那時身爲運動員成就背後的困難，器材、場地、專業教練都無法與現在相比，但是二戰前的選手許多成績都已經很驚人了。有時筆者會想像，如果是一九三六年一百公尺的金牌歐文斯（Jesse Owens）穿著現在專爲選手量身訂作的運動鞋與衣服，在現在對運動員友善的場地，會有怎樣的成績，當然這也只是想像罷了。

在追尋台灣體壇前輩的運動生涯中，由於都是與日本人一起訓練、比賽，因此與日本體壇淵源是深厚的，台灣戰後在國際情勢上的險峻也影響了體育的發展，許多國際比賽，台灣皆無法參加，這對台灣體育水準的提升，有著重大的影響，此時，像張星賢、柯子彰等前輩就會以私人與日本體壇的關係，將台灣選手送往日本比練或是訓練。

也或許他們除了代表個人、殖民地台灣，到了國際比賽也代表日本，或許在戰後政府「反日」的政策下，對他們反而是負債而非資產，在找尋資料的過程中，一直非常納悶爲什麼由中華民國田徑協會出版的張星賢的著作，台灣任何一家圖書館，包含國家圖書館都沒有收藏，反而在台灣的大學圖書館就能看到多本織田幹雄、南部忠平的著作與介紹他們的專書（日文）。柯子彰也只有手稿並沒有正式出版，覺得戰前體壇前輩經驗沒能傳承是非常可惜。

運動特別是田徑場上的徑賽部分，對於速度的追求也是現代人一個新的生活「趣味」，一位在近海郵船服務的松本晃吉曾在一九三三年的《趣味の台灣》雜誌上發表〈スピード物語〉（速度物語）一文。進入二十世紀以後，人類從交通運輸工具的進步引發對速度的興趣大增，所以不論是棒球場上投手的球速、游泳選手，一九三二年洛杉磯奧運會一百公尺項目中，美國選手托蘭以十秒二打破世界紀錄，對當時的民衆是一個絕佳的話題，所以體育賽事能夠逐漸吸引人，與進入二十世紀後人們對「速度」感到興趣是重要的因素。

努力過能夠得到回報是運動員的理想，但有時在最重要的比賽不能發揮自己的最佳狀態也是競技場上常見之事。筆者覺得林月雲未能參加奧運最爲遺憾，是如此的接近但總又功虧一簣。最後，本書僅僅只研究了數位代表性的運動員，日治時期傑出的運動員還很多位尙未發掘，例如常與林月雲到日本並肩作戰的黃瑞雀，張星賢的台中商業同學楊啓德是田徑賽好手，多位就讀淡水中學甚至是在台灣的傑出日本人選手，例如南部寬人都是可以繼續研究的選手。

家圖書館出版品預行編目資料

日治時期台灣體壇與奧運／林瑛琪作. --初版. --臺北市：五南, 2014.06
面； 公分.

ISBN 978-957-11-7563-8 (平裝)
1.體育 2.歷史 3.日據時期 4.奧林匹克運動會
528.9933 103003744

台灣書房 16

8U57 **日治時期台灣體壇與奧運**

作　　者　林瑛琪
總 編 輯　王翠華
副總編輯　蘇美嬌
責任編輯　邱紫綾
封面設計　簡愷立

發 行 人　楊榮川
出 版 者　五南圖書出版股份有限公司
地　　址　台北市和平東路２段３３９號４樓
電　　話　０２－２７０５５０６６
傳　　真　０２－２７０５６１００
郵政劃撥　０１０６８９５３
網　　址　http://www.wunan.com.tw
電子郵件　wunan@wunan.com.tw
劃撥帳號　01068953
戶　　名　五南圖書出版股份有限公司

台中市駐區辦公室/台中市中區中山路6號
電　　話：(04)2223-0891　　傳　　真：(04)2223-3549
高雄市駐區辦公室/高雄市新興區中山一路290號
電　　話：(07)2358-702　　傳　　真：(07)2350-236

顧　　問　林勝安律師事務所　林勝安律師

出版日期　2014年6月 初版一刷
定　　價　新台幣320元整

台灣書房

台灣書房